SPORT
BEI
FRANCKH

Paul Metzler

Tennis-Doppel

Tips zur Taktik

Franckh'sche Verlagshandlung
Stuttgart

Aus dem Amerikanischen übersetzt von Sigrun Zudrell
Titel der Originalausgabe: „Tennis Doubles. Tactics and Formations“
Sterling Publishing Co., Inc., New York
ISBN 0-8069-4086-7, © 1975, Paul Metzler
Mit 40 Zeichnungen von Min. (36) und Margot Schaum
(4, nach Zeichnungen von Min.)

Umschlaggestaltung von Edgar Dambacher
unter Verwendung eines Dias von Wilhelm Lauer/Agentur Prenzel

CIP-Kurztitelaufnahme der Deutschen Bibliothek

Metzler, Paul:
Tennis-Doppel: Tips zur Taktik. – 1. Aufl. –
Stuttgart: Franckh, 1978.
(Sport bei Franckh)
Einheitssacht.: Tennis doubles <dt.>
ISBN 3-440-04622-2

Franckh'sche Verlagshandlung, W. Keller & Co., Stuttgart / 1978

LH 9 Or / ISBN 3-440-04622-2
Printed in Germany / Imprimé en Allemagne
Gesamtherstellung: Brönner & Daentler KG, Eichstätt

Tennis-Doppel

Einleitung

Vielleicht spielen Sie Doppel immer in derselben Aufstellung „ein Spieler vorne, ein Spieler hinten“ und gewinnen dabei den Eindruck, daß das Spiel ziemlich eintönig wird. Sie würden gerne verschiedene Taktiken ausprobieren – und wissen nicht, wie diese genau aussehen?
Oder Sie machen als junger Spieler zwar Fortschritte, spielen Netzspiel-Doppel, aber Ihr Spiel ist immer noch unsicher. Sie wissen nie, ob Sie zusammen mit Ihrem Partner das Spiel meistern oder eine glatte Niederlage einstecken müssen. Sie sind sich nie sicher, ein Paar zu schlagen, das eigentlich schwächer spielt und leicht zu besiegen wäre. Sie wollen unbedingt sicherer im Spiel werden.
Oder Sie sind Linkshänder. Sie haben gehört, daß Sie über hervorragende, natürliche Vorteile verfügen müßten. Aber Sie wollen sie auch gerne kennen.
Oder Sie sind ein Mädchen.
Vielleicht möchten Sie durch Zuschauen von einem guten Doppel, auf dem Platz oder im Fernsehen, lernen, aber Sie sind nicht in der Lage, den Sinn der Schläge oder des Stellungsspiels richtig einzuschätzen. Sie wollen ein sachverständiger Zuschauer werden.
Sie spielen vielleicht ein gutes Netzspiel-Doppel, aber Sie fühlen sich unvollkommen und möchten sich gerne in einigen Punkten verbessern.
Dies sind ungefähr die Interessenbereiche, die dieses Buch umfaßt.
Es ist jedoch insbesondere dafür gedacht, Sicherheit und Zuverlässigkeit im Spiel zu erlangen. Dafür brauchen Sie die Schlagtechniken und Taktiken, gleich welche Aufstellung Sie auch benutzen.

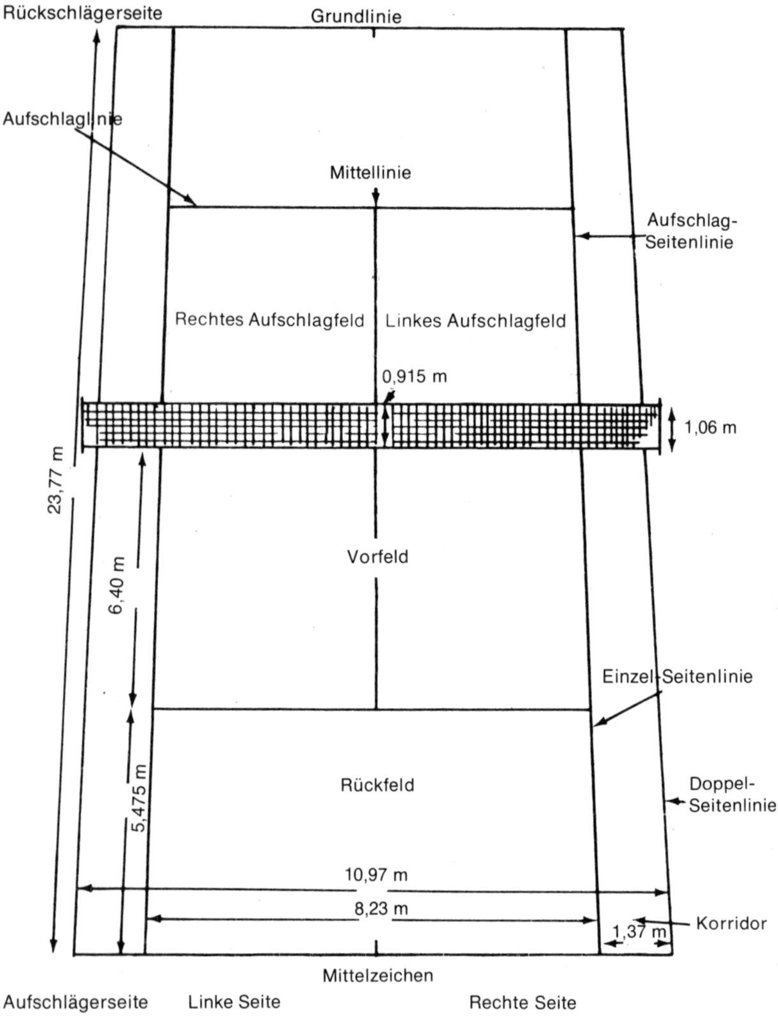

Abb. 1. Tennisplatzbezeichnungen: Die beiden Platzhälften sind nur zur Vereinfachung so bezeichnet. In einem Match müssen Sie von beiden Seiten aufschlagen. Es wird nach dem ersten und allen ungeraden Spielen gewechselt, was auch trainiert werden sollte. Lassen Sie sich von der Sonne nicht stören. Sie wird auf einer Platzhälfte in Ihre Augen scheinen, und Sie sollten lernen, damit zu leben. Werfen Sie einfach den Ball etwas rechts oder links von der Sonne.

1. Die klassischen Aufstellungen

Gewöhnlich tritt die Frage der Aufstellungen dann auf, wenn mehr als eine Person an einer Tätigkeit beteiligt ist. Das Tennis-Doppel bildet keine Ausnahme. Wir werden in unserer Beschreibung über die Aufstellungen jedesmal mit dem Aufschläger-Paar beginnen.

„Beide Spieler hinten"

Hierbei stellen sich beide, Aufschläger und Partner, vor dem Aufschlag hinter der Grundlinie auf. (Abb. 1 erklärt alle für Tennisplätze allgemein benutzten Bezeichnungen.) Da diese Aufstellung keine Möglichkeit bietet, irgendeinen durch den Service des Aufschlägers erzielten Vorteil durchzubringen, ist sie nicht sinnvoll. Daher wird sie eigentlich auch nie angewandt und ist kaum von Bedeutung. Man sieht diese Aufstellung fast nur bei Kindern, wo ein sogenannter „Netzspieler" zu klein wäre, um von Nutzen zu sein. Hinten, neben seinem Partner, nützt er also mehr.
Gelegentlich sieht man diese Aufstellung auch bei einem Damen- oder Gemischten Doppel, wenn sich eine netzscheue, aber energische Dame weigert, irgendwo in der Nähe des Netzes zu stehen.
Die Aufstellung „beide Spieler hinten" wird jedoch öfter vom Rückschläger-Paar verwendet, das nie den Vorteil des ersten harten Schlages, nämlich des Aufschlages, hat. Diese Aufstellung wird benützt, damit der gegnerische Netzspieler keinen schwachen Service-Return abfangen und zu einem gewinnbringenden Flugball zwischen den beiden Rückschläger-Partnern hindurch verwandeln kann (Abb. 2). Dennoch ist diese Aufstellung für das Rückspieler-Paar eher nachteilig.
Die Aufstellung „beide Spieler hinten" hat noch mehr Nachteile, wenn sie nur deshalb benutzt wird, weil keiner der beiden Rückschläger einen Flugball spielen will und statt dessen den Ball so lange vorsichtig dem Aufschläger zurückspielt, bis dieser einen Fehler macht.
Meistens wird die Aufstellung „beide Spieler hinten" vom Rückschläger-Paar jedoch nur bei einem harten ersten Aufschlag verwendet, welcher zu einem schwachen Return oder kurzen Lob zwingen könnte. Bei dem zweiten Aufschlag geht der Rückschläger-Partner dann ans Netz vor.

„Ein Spieler vorne, ein Spieler hinten“

„Ein Spieler vorne“ bezieht sich auf den Netzspieler, der sich irgendwo im Vorfeld aufstellt. „Ein Spieler hinten“ ist der Aufschläger. Nach seinem Aufschlag beabsichtigt er nicht, ans Netz vorzugehen, sondern wird den folgenden Ballwechsel vom Rückfeld oder der Grundlinie aus spielen. Er wird Drives spielen, sein Partner auf Flugbälle hoffen.
„Ein Spieler vorne, ein Spieler hinten“ ist die übliche Aufstellung. Sie kann von Anfängern bis zu einer Spielstärke verwendet werden, die genügt, um Club-Meisterschaften im Doppel zu gewinnen. Darüber hinaus reicht sie aber nicht aus, dem Druck zu widerstehen, wenn der Rückschläger und sein Partner am Netz stehen.
Auf der Rückschlägerseite bezieht sich „ein Spieler vorne“ auf den Rückschläger-Partner. Er steht am Netz. Kann der Rückschläger seinen Ball sicher außerhalb der Reichweite des gegnerischen Netz-

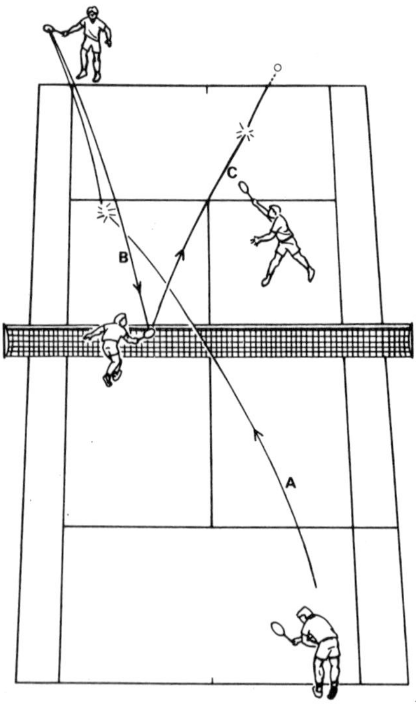

Abb. 2. Das Abfangen durch den Netzspieler: Die Aufstellung „beide Spieler hinten“ ist defensiv. Sie bewahrt Sie vor einer hier gezeigten Situation, in der der Rückschläger seinen Return nicht am Netzspieler vorbeibringen konnte.

spielers plazieren, dann setzt die „ein Spieler vorne“-Position den Aufschläger unter Druck und zwingt ihn zu einem guten Return, sonst fängt der „Spieler vorne“ (Netzspieler) den Ball ab und schlägt ihn, wie in Abb. 2, scharf über das Netz – nur in entgegengesetzter Richtung. Die „ein Spieler hinten“-Position betrifft den Rückschläger. Genau wie der Aufschläger beabsichtigt er, den Ballwechsel vom Rückfeld oder der Grundlinie aus zu spielen.

Netzspiel

Bei dieser Aufstellung folgt der Aufschläger seinem Aufschlag an das Netz, um dort zusammen mit seinem Partner eine Barriere zu bilden. Ziel der Aufschläger-Seite ist es, den Vorteil des ersten Flugballes wahrzunehmen, bevor ihre Rückschläger-Gegner Gelegenheit dazu haben. Der Aufschläger folgt jedem Service, ob gut oder schlecht, ans Netz. War es ein harter Aufschlag, so kann er ihn voll ausnützen; war er schwach, so kann er es sich nicht leisten, hinten stehenzubleiben und seine Chance, als erster die Netzposition zu beziehen, an die Gegner abzugeben. Im letzteren Fall lautet seine Theorie: Angriff ist die beste Form der Verteidigung.
Netzspiel-Aufstellung bedeutet auf der Rückschlägerseite, daß der Rückschläger-Partner am Netz steht. Sobald der Rückschläger kann, rückt er zu seinem Vordermann auf, um mit ihm eine Barriere aufzubauen. Folgt der Aufschläger seinem Aufschlag nicht ans Netz, sondern bleibt hinten stehen (in der Aufstellung “ein Spieler vorne, ein Spieler hinten“), dann geht normalerweise der Rückschläger nach seinem ersten Schlag, d.h. seinem Aufschlag-Return, nach vorne. Daß das Netzspiel die beste Angriffs-Aufstellung im Doppel ist, versteht sich fast von selbst.

Aufstellung kontra Schläge

Aufstellungen, als taktische Maßnahme, unterstützen zwar die Schläge, aber ersetzen sie nicht. Die volkstümliche Auffassung „Einzel ist ein Spiel der Schläge“ und „Doppel, das ist Strategie“ ist übertrieben. Ein Einzelspieler mit vernünftigen Schlägen, aber keiner Ahnung von Taktik, ist völlig hilflos gegenüber einem gleichwertigen Schlagtechniker, der die Spielmöglichkeiten kennt. Der erstere mag vielleicht beim Aufwärmspiel den Eindruck erwecken, daß er ebenso gut ist wie der zweite, doch im eigentlichen Spiel zeigt sich der Unterschied. Je-

manden zu beauftragen „Trage das Klavier in den ersten Stock“, wenn er weder die Muskeln noch die Kraft dazu hat, ist fast so sinnlos wie der Zuruf „Drück den Ball runter und bremse den Lob“, wenn der Spieler weder einen Topspin-Drive noch einen Schmetterball beherrscht.
Strategie kann man überwiegend Militärstrategen überlassen. Ein Doppelspieler muß blitzschnell Taktiken und Schlagtechniken bei der Hand haben. Die Netzspiel-Aufstellung fordert ein drittes Attribut: Beweglichkeit. Um in dieser Aufstellung erfolgreich zu spielen, müssen Sie Ihrem Aufschlag schnell an das Netz folgen können. Werden Sie als Netzspieler überlobbt, dann müssen Sie schnell genug zurücklaufen können, um den Lob zu erreichen.
Nur etwa eines von tausend Paaren spielt in der Aufstellung „ein Spieler vorne, ein Spieler hinten“, weil es einen ausgezeichneten Driveschlag beherrscht. Die übrigen Paare tun es, weil sie keinen Flugball (insbesondere keinen tiefen) können oder nicht beweglich genug sind, um ans Netz vorzugehen und es gegen gegnerische gewinkelte Schläge oder Lobs zu verteidigen.
Es bleibt die Tatsache, daß die Aufstellung „ein Spieler vorne, ein Spieler hinten“ von der breiten Masse der Tennisspieler angewandt wird. Viele davon haben gar nicht die Absicht, sie jemals aufzugeben. Vorwärtsstrebende Spieler müssen dieses Stadium durchgemacht haben, denn man lernt bekanntlich ja auch erst gehen und dann laufen. Damen behalten diese Aufstellung im allgemeinen länger bei als Herren. Insgesamt gesehen verdient diese Aufstellung, gründlich untersucht zu werden.

2. Ein Spieler vorne, ein Spieler hinten

Die Aufstellung „ein Spieler vorne, ein Spieler hinten" ist nicht so schwer, wie man es hinter ihrem Namen vermutet. Als Aufschläger können Sie:

- gelegentlich und unerwartet nach dem ersten Aufschlag an das Netz vorgehen, um einen leichten, hohen Vorhand-Flugball abzufangen, und dabei ohne großen Aufwand einen Punkt machen,
- es vorziehen, anstatt mit einem Aufschlag, mit einem Vorhanddrive anzugreifen und dann erst aufzurücken,
- nach jedem ersten Aufschlag von der linken Seite auf die Rückhand des Rückschlägers in das linke Spielfeld an das Netz vorgehen. Bei der Verwendung dieser Taktik gehen Sie von der Überlegung aus, daß der Return vermutlich schwach wird und, falls Ihr Netzpartner überlobbt wird, der Ball auf Ihre Vorhandseite kommt, die Sie decken können.

All diese Spielzüge sind Varianten der Aufstellung „ein Spieler vorne, ein Spieler hinten". Sie bilden aber nicht das Netzspiel. Beim Netzspiel geht der Aufschläger ausnahmslos vor – nach allen Aufschlägen, auch einem schwachen zweiten. Der Netzspieler, und nicht der seitenwechselnde Aufschläger, fängt alle über ihn gespielten Lobs ab, entweder direkt oder indem er zurückläuft und sie nach dem Aufspringen holt.

Aufschlag in das rechte Spielfeld

Beim Einzel schlagen Sie meist in der Nähe des Mittelzeichens auf, um beide Seiten des Spielfeldes decken zu können. Beim Doppel schlagen Sie in der Regel etwa von der Mitte zwischen Mittelzeichen und Seitenlinie aus auf, um beide Seiten Ihrer Spielhälfte decken zu können. Natürlich ist es einfacher, auf die Rückhand Ihres Gegners zu spielen, wenn Sie näher beim Mittelzeichen aufschlagen. Machen Sie aber Ihren Aufschlag von weit außen, nahe der Seitenlinie, steigt die Möglichkeit für einen Aufschlag weit zur Vorhand Ihres Gegners. Nun, gleich für welche Taktik Sie sich entschließen, so sollten Sie sich gedanklich auf ihre möglichen Folgen vorbereiten, vor allem wenn der Rückschläger Ihren Aufschlag leicht auf Vorhand nehmen kann

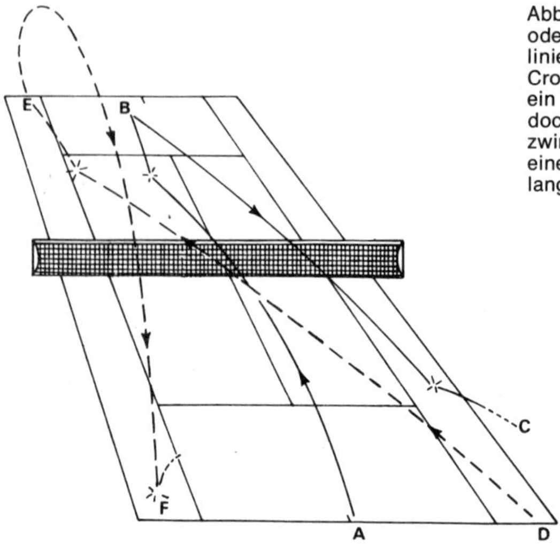

Abb. 3. Aufschlag von der Mitte oder von der äußeren Seitenlinie: Situation ABC: Ein kurzer Cross-Schlag BC kann direkt ein Punktgewinn sein oder Sie doch mindestens zum Kämpfen zwingen. Situation DEF: nach einem Lob EF haben Sie eine lange Jagd.

(Abb. 3). Wenn Sie annehmen, daß Doppel ein Spiel ist, bei dem Sie sich nur um die Hälfte des Spielfeldes kümmern müssen, und folglich zu oft von A oder D aus aufschlagen, werden Sie sehr bald ernüchtert.
Wenn Sie und Ihr Gegner noch nicht besonders gut Tennis spielen, dann ist es für Sie vorteilhaft, wenn Sie Ihre ersten Aufschläge ziemlich weit nach außen in das rechte Aufschlagfeld auf die Vorhand Ihres Gegners zielen. Erstens ist ein diagonaler Aufschlag von Ihrer rechten Seite, stark cross zu seiner Vorhand gespielt, leichter im Aufschlagfeld zu plazieren als ein Aufschlag entlang der Mittellinie. Sie werden dadurch sicherer, wenn Sie bereits viele Ihrer ersten Aufschläge ins Spiel bringen. Dies ist immer und für jede Spielstärke im Doppel ein großer Vorteil. Zweitens wird der Rückschläger wahrscheinlich Schwierigkeiten haben, seinen Return außerhalb der Reichweite Ihres Netzpartners zu halten, der dann einen leichten Flugball bekommen wird. Je weiter nach außen Sie aufschlagen, um so mehr Bälle fängt Ihr Partner ab. Es scheint, als hätten Sie mühelos eine erstklassige Kombination entwickelt.
Hüten Sie sich! Ein erfahrener Rückschläger wird Ihren Netzpartner mit einem Schlag entlang der exponierten Seitenlinie passieren. Die ursprüngliche Situation ist vertauscht: Je weiter nach außen Sie aufschlagen, um so mehr ist Ihr Netzpartner an eine Stelle gebunden.

Wenn dieser unbeweglich ist, haben Sie den Vorteil eines besseren diagonalen Aufschlages mit dem ihm anhaftenden Nachteil, auf die stärkere Seite des Rückschlägers (dessen Vorhand) zu spielen, auszugleichen. Sie werden sehr bald erkennen, daß der Vorschlag, den Aufschlag entlang der Mittellinie zu spielen, besser ist. Vielleicht stellt Ihr Netzpartner gleichzeitig fest, daß ihm diese Aufschlagsweise mehr Spielraum gibt und er mehr Spielfeld decken kann. Können Sie nach Belieben entlang der Mittellinie aufschlagen – und dies etwa von der Mitte Ihrer Seite aus, um Ihre Platzhälfte zu decken –, ist Ihr Doppelspiel-Aufschlag in das rechte Feld als gut zu bezeichnen. Setzen Sie sich das zum Ziel, gleich wie Ihre Spielstärke oder -klasse auch ist.

Länge (Tiefe)

Der nächste Punkt ist die Länge oder Tiefe. Ob Sie den Ball nun auf die Rückhand des Gegners treffen oder nicht – wenn er zu kurz kommt, wird der Rückschläger kaum Schwierigkeiten haben, ihn zurückzubringen und außer Reichweite Ihres Netzpartners zu halten. Je tiefer ins andere Feld Sie aufschlagen, um so länger dauert es, bis der Ball wieder das Netz erreicht. Dadurch hat Ihr Netzpartner mehr Zeit, an den Ball zu kommen. Sollte der Ball auf Sie kommen, dann haben auch Sie mehr Zeit, ihn anzunehmen. Außerdem ist dieser Aufschlag-Return, von weit hinten geschlagen, eher kurz und deshalb leicht zu spielen. Achten Sie besonders darauf, daß Ihr Aufschlag lang kommt, sonst schaffen Sie es nicht. Lange Aufschläge zeigen, daß ein vernünftiger Spielraum zwischen Ball und Netz erforderlich ist. Sie müssen sich dessen bewußt sein, da Aufschläge eine eingebaute Abwärtstendenz haben, wodurch die meisten Fehler, nämlich Netzfehler, verursacht werden. Können Sie nach Belieben ungefähr von der Mitte zwischen Mittelzeichen und Seitenlinie aus einen langen Aufschlag entlang der Mittellinie spielen, dann beherrschen Sie einen sehr guten Doppelspiel-Aufschlag in das rechte Feld. Dies gilt für alle Spielstärken. Ein langer Aufschlag ist fast immer ein guter Aufschlag, gleich wo er im gegnerischen Aufschlagfeld aufkommt. Schlagen Sie auf die Rückhand auf, dann werden Sie kaum einen Spieler finden, der eine harte Rückhand nach links zurückspielen kann. (Der Rückschläger muß nach links spielen, um Ihren Netzpartner zu meiden!) Wenn Sie zur Abwechslung einmal in die Vorhandecke aufschlagen, werden Sie die Erfahrung machen, daß der Rückschläger einen solchen Ball oft in Reichweite Ihres Netzpartners zurückspielt.

Asse

Nehmen wir an, Sie haben zwei Aufschläge auf die Rückhand des Gegners in das rechte Spielfeld gebracht und einen Spielstand von 40:15 erreicht. Nun würden Sie gerne ein As, weit auf die Vorhand des Gegners, riskieren. Die meisten Spieler verbinden weit nach außen gespielte Asse mit großer Geschwindigkeit. Sie werden aber mehr von diesen kurzen und stark angewinkelten Aufschlägen gerade noch in das Aufschlagfeld – und nicht knapp ins Aus – bringen, wenn Sie den Aufschlag wohl hart, aber nicht zu hart schlagen. Spitzenspieler dämpfen etwas die Geschwindigkeit ihrer nach außen gespielten Aufschläge. Wir können dies gar nicht erkennen, weil alle ihre Aufschläge schnell aussehen.
Wenn Sie sich ein eher kontrolliertes als zu hart geschlagenes As vorstellen, werden Sie an den zweiten Aufschlag denken. Was wäre z.B., wenn Sie – anstatt eines zu harten, langen, ins Aus gehenden ersten Aufschlages auf die Rückhand, auf den dann der Rückschläger etwas nach vorne links rückt, bereit, Ihren zweiten Aufschlag anzugreifen – ein sicheres, nach außen kurvendes As geschlagen hätten? Die Antwort: Sie würden sich herrlich fühlen – Meister der Lage. Es ist wie beim Einzel, wenn Sie den Rückschläger mit einem Stopball nach vorne holen und ihn, kurz bevor er zum Stehen kommt, überlobben. Das Verfängliche, ein As beim zweiten Aufschlag zu spielen, ist, daß Sie unnötigerweise einen Doppelfehler riskieren oder lediglich einen kurzen Ball auf die Vorhand Ihres Gegners bringen können. Die letztgenannte Situation ist nicht so schlecht, wenn Sie erkennen, daß Ihr Gegner im scharfen Winkel zu schlagen versucht. Vorausgesetzt, daß Sie mindestens von der Hälfte zwischen Mittelzeichen und Seitenlinie aus aufgeschlagen haben, erreichen Sie den Ball! Waren Sie auf den scharf gewinkelten Return nicht gefaßt und haben Sie dazu noch nahe der Mittellinie aufgeschlagen, dann haben Sie so ziemlich den schlechtest möglichen Aufschlag in das rechte Spielfeld gebracht.
Nichtsdestoweniger führt die Kombination „Decken der Seitenlinie, langer Aufschlag entlang der Mittellinie (aber nicht ständig), weit seitwärts gespieltes und kontrolliertes As" zu einem hervorragenden Aufschlag in das rechte Spielfeld, wenn der Rückschläger etwa Ihrer eigenen Spielstärke entspricht, gleichgültig welches Spielniveau Sie haben mögen.

Härte – Geschwindigkeit

Sie müssen sich über die Geschwindigkeit im klaren sein. Je härter Sie aufschlagen, um so weniger Zeit bleibt Ihrem Gegner für seinen Schlag. Sie erreichen dadurch, daß er schwach spielt oder sogar den Ball verschlägt, wenn er überhaupt in der Lage ist, ihn zu erreichen und zu treffen. Spitzenspieler sowie viele andere gute Spieler schlagen hart auf. Deshalb sollten auch Sie, kurz gesagt, so hart wie möglich aufschlagen.

Hohe Geschwindigkeit muß Ballkontrolle und Sicherheit einschließen. Sie sollten sich natürlich nicht ständig quälen und aus dem Gleichgewicht bringen lassen, wenn der Ball zurückkommt. Bezüglich der Sicherheit ist zu sagen: ohne sie ist überhaupt kein richtiger Aufschlag möglich. Aufschlagen bedeutet, den Ball in das Spiel zu bringen; ohne Sicherheit bringen Sie den Ball *aus* dem Spiel!

Nun, Geschwindigkeit bedeutet aber mehr, als nur den gerade noch beherrschten härtesten Aufschlag zu schlagen. Gerät Ihr Gegner durch die Geschwindigkeit nicht in Schwierigkeiten, dann müssen Sie damit rechnen, daß sie ihm nützt. Er kann den Ball schneller zurückschlagen; Sie haben also weniger Zeit zwischen Ihrem Aufschlag und Ihrem nächsten Schlag.

Dieser Gesichtspunkt ist besonders beim Netzspiel-Doppel wichtig, bei dem Sie Ihrem Aufschlag an das Netz folgen wollen, aber Sie sollten ihn auch bei der Aufstellung „ein Spieler vorne, ein Spieler hinten" immer beachten.

Berücksichtigen Sie den Zustand der Bälle und die unterschiedliche Beschaffenheit der Platzoberfläche. Neue, harte Bälle sind schneller als benutzte Bälle. Mit neuen Bällen und auf einem Hartplatz können Sie einen Gegner unter Druck setzen, aber nicht auf einem langsamen Platz und mit benutzten Bällen. Diese Faktoren sind jedoch weniger entscheidend. Maßgebend ist der Gegner. Kommt er mit jedem Ball zurecht, gleich wie hart Sie ihn schlagen, dann sollten Sie Ihren Aufschlag mehr variieren, nicht härter spielen. Die Hauptsache ist in diesem Fall, daß Sie das Gleichgewicht und die Stellung bewahren und versuchen, eher mit dem Rückschlag als mit dem Aufschlag einen Punkt zu machen.

Viele Spieler erkennen dies alles, wenn sie an der Wand üben, sehen aber nicht, daß es sich bei einem Rückschläger, der ihre schnellen Bälle annehmen kann, ähnlich verhält. Wenn Sie immer härter schlagen, härter als Ihre eigene Schlagfähigkeit, nennt man das „Bolzen". Auf die Spitze getrieben, wird das zur Sinnlosigkeit. Ähnliches kann

man beim Gemischten Doppel beobachten, wo das Mädchen versucht, viel zu hart gegen den Mann aufzuschlagen. In diesem Fall muß er meistens nur ihren zweiten Aufschlag spielen. Trifft jedoch der erste in das Aufschlagfeld, dann schlägt er den Ball zurück, bevor sie bereit ist.
Beim Herren-, Damen- oder Gemischten Doppel sollten Sie einen kühlen Kopf bewahren. Anstatt härter aufzuschlagen, sollten Sie sich mehr anstrengen zu gewinnen. Das ist zwar leichter gesagt als getan. Erkennen Sie aber, daß Sie hiermit die richtige Taktik verfolgen, dann ist es unendlich viel leichter.
Haben Sie andererseits einen guten, scharfen Aufschlag, dann sind Sie einem Rückschläger Ihrer Spielstärke überlegen. Sie werden die meisten Ihrer Aufschlagspiele gewinnen. Betrachten Sie ihn als Ihr Vermögen und wenden Sie ihn zuversichtlich an.

Aufschlag-Technik

Nach den Taktiken wenden wir uns nun den Schlägen zu. Mit einem Topspin-Aufschlag können Sie leichter in die Mitte des rechten Spielfeldes treffen als mit einem angeschnittenen Aufschlag. Beim Topspin-Aufschlag werfen Sie den Ball über Ihren Kopf, winkeln Ihren Ellenbogen stark ab und bringen den Schläger hoch, so daß der Ball über die kurzen Seiten rollt und somit mit einem Vorwärtsdrall abgeht. Für die Richtungserteilung ist es entscheidend, daß der Schlägerschwung deutlich von links nach rechts vorwärts geht und unten bei Ihrem rechten Fuß endet. Durch diesen Bewegungsablauf erreichen Sie, daß der Ball entlang der *Mittellinie* auf die linke Seite und auf die *Rückhand* des Rückschlägers kommt.
Beim geschnittenen (Slice-) Aufschlag werfen Sie den Ball über Ihre rechte Schulter und etwas davor und schneiden von rechts nach links um ihn herum. Der Schlägerschwung führt über Ihren Körper und endet unten bei Ihrem linken Fuß. Der ganze Ablauf gibt der Flugbahn des Balles eine natürliche Krümmung, die auf die rechte Seite des Rückschlägers, in Richtung *Seitenlinie*, auf dessen *Vorhand* führt (s. Abb. 4).
Um einen geschnittenen Aufschlag entlang der Mittellinie in das rechte Spielfeld zu treffen, muß der Ball auf der falschen Seite, also rechts von der Netzmitte, das Netz überqueren und auf die Rückhand des Rückschlägers springen. Das kann bei einem Spielstand von beispielsweise 15:40 oder 4:5 und 30 beide oder so ähnlich sehr nervenaufreibend sein. Sind Sie unsicher und schneiden den Ball weniger an als ge-

Abb. 4. Topspin- und Slice-Aufschläge entlang der Mittellinie des rechten Spielfeldes: Ein Topspin entlang der Mittellinie des rechten Spielfeldes ist leichter zu landen. Ein Slice-(geschnittener) Aufschlag kurvt mehr nach außen und muß deutlich über die falsche Seite des Netzes gezielt werden. Selbst der aufspringende Ball geht mehr auf die Vorhandseite des Aufschlägers.

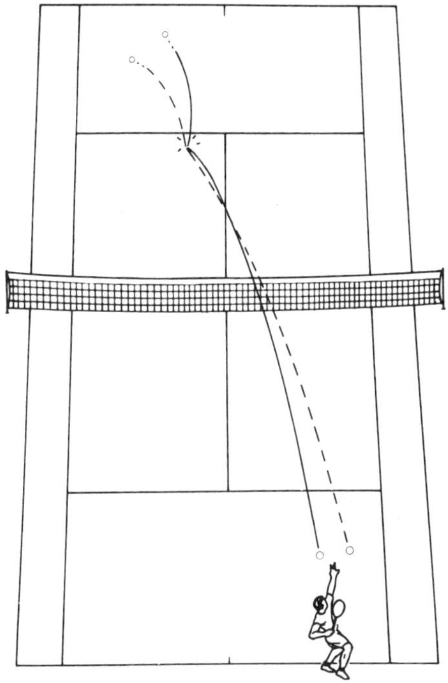

wöhnlich, dann fliegt er in zu schwacher Kurve und landet im falschen Spielfeld. Es ist sogar ungewiß, ob Sie den Aufschlag bequem über den niedrigsten Punkt des Netzes bringen (s. Abb. 4).

Das Täuschen

Zielen Sie auf die Rückhand, dann treffen Sie Ihren Aufschlag am leichtesten mit einem Topspin in das Aufschlagfeld; auf die Vorhand schaffen Sie es mit einem angeschnittenen Ball*. Ist Ihr Gegner zu unerfahren, um zu sehen, welchen Aufschlag Sie anwenden, und kann er daher dessen voraussichtliche Richtung nicht erkennen, dann sollten Sie unter allen Umständen auf diese Weise aufschlagen.

* Ist Ihr Gegner im rechten Spielfeld zufällig Linkshänder, dann ist es natürlich eine leichte Aufgabe, geschnittene Aufschläge diagonal über das Spielfeld auf seine Rückhand zu spielen. Seine Rückhand ist zwar vielleicht sein beständigerer Schlag, sonst würde er sie nicht spielen, aber es ist höchst unwahrscheinlich, daß sie so gefährlich ist wie die Vorhand eines Rechtshänders.

Die Richtung, in der Sie den Ball werfen, verrät einem Spieler mit größerer Erfahrung sofort Ihre Absichten, insbesondere gegen Ende des Spiels, wenn er sich an Sie gewöhnt hat.
Sie werden ihn also täuschen müssen. Stellen Sie sich etwas weiter außen – näher bei der Seitenlinie – auf als sonst. Daraufhin wird der Rückschläger auch weiter nach außen rücken, um den weiten Winkel, in dem Sie aufzuschlagen drohen, zu decken. Rückt er aber weiter nach außen, dann exponiert er mehr als sonst seine Rückhandseite. Werfen Sie nun den Ball über Ihre rechte Schulter für einen geschnittenen Aufschlag, dann wird er sich automatisch vorbereiten, Ihren weit nach außen ziehenden Aufschlag zu erreichen. Aber statt dessen schlagen Sie auf seine Rückhand! Der Ball fliegt in einem Bogen auf ihn zu und zwingt ihn oft zu einem verkrampften Schlag, den Ihr Netzpartner als Flugball abfangen kann.
Für Ihren nächsten Aufschlag auf den Rückschläger des rechten Spielfeldes können Sie wieder in derselben Position weit außen stehen und wiederum den Ball über Ihre rechte Schulter für einen geschnittenen Aufschlag hochwerfen. Diesmal hat der Rückschläger keine Ahnung, auf welche Seite Sie aufschlagen werden. Nun können Sie, wenn Sie wollen, weit auf seine Vorhand aufschlagen – mit weitaus größeren Erfolgschancen als zuvor.
Sie könnten ähnlich wie im vorangegangenen Beispiel verfahren, indem Sie Ihren ersten Aufschlag als Topspin-Aufschlag entlang der Mittellinie bringen. Schlagen Sie als nächstes einen Topspin-Aufschlag tief in die Vorhandecke Ihres Gegners, dann kann es sein, daß er keine Zeit hat, richtig und weit genug hinter den Ball zu kommen, um ihn sauber schlagen zu können. Ohne dabei leichtsinnig die Seitenlinie zu früh aufzugeben, kann Ihr Partner den Return abfangen.
Die vorgenannten Beispiele erklären die Ausdrücke „nützen Sie den Vorteil Ihres Aufschlags“ und „variieren Sie“.
Gehen Sie mit Ihrem Repertoire von angetäuschten Aufschlägen aber nicht zu weit. Ein schlechtes Beispiel: Sie entschließen sich, bei Ihrem zweiten Aufschlag in der Nähe der Mitte zu stehen und werfen den Ball für einen Topspin-Aufschlag über Ihren Kopf. Damit wollen Sie nun Ihrem Gegner einen Aufschlag entlang der Mittellinie vortäuschen, obwohl Sie beabsichtigen, Ihren zweiten Aufschlag als langsames, weit nach außen gespieltes As zu bringen. Damit bereiten Sie sich selbst Schwierigkeiten. Denn schaffen Sie kein As, bekommt Ihr Gegner einen langsamen, kurzen Ball, der durch den Topspin höher springt als das Netz – und Ihr ganzes Vorhandfeld ist offen. Der weite Winkel, den Sie Ihrem Gegner zwangsläufig geöffnet haben, sowie das hohe Auf-

springen des Balles geben dem Rückschläger die Gelegenheit, einen nach unten gezogenen Slice oder Topspin-Drive cross über den Platz zu spielen. Sie stehen nur noch machtlos da (Abb. 5). Genausogut hätten Sie einen Doppelfehler machen können!

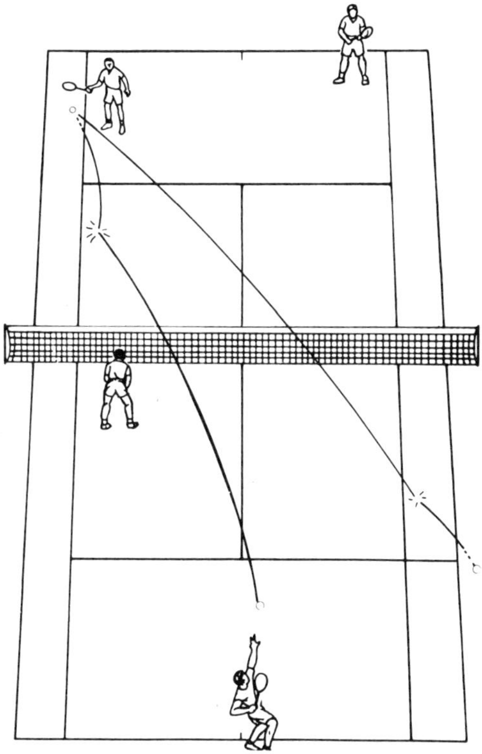

Abb. 5. Lassen Sie Ihre eigene „Rakete" steigen: Sie stehen nahe des Mittelzeichens und werfen den Ball über Ihren Kopf zu einem Topspin als zweiten Aufschlag. Beide Aktionen lassen Ihren Gegner einen Mittellinien-Aufschlag erwarten. Aber Sie beabsichtigen, ihn zu täuschen und ein Ass weit nach außen zu bringen. Sie spielen ein gefährliches Spiel. Sie werden vermutlich nicht einmal den Return berühren, wenn es nicht klappt.

Wenn bei zu häufigem Täuschen Ihre Schläge, in diesem Fall Ihr Aufschlag, den Anforderungen Ihrer Taktik nicht gewachsen sind, erwächst Ihnen ein weiterer Nachteil. Sie machen zu viele Aufschlagfehler. Das Doppel besteht *nicht nur* aus Taktik. Das Variieren verlangt viel Übung im Aufschlagen.

Geschnittener Topspin-Aufschlag

Sie mögen vielleicht nicht in „unnatürliche Richtungen" aufschlagen, das heißt, einen Topspin auf die Vorhand und einen geschnittenen Ball auf die Rückhand. Und das, obwohl Sie wissen, daß Sie mit Ihrer erreichten Spielstärke nicht nur in „natürliche Richtungen" aufschlagen dürften, zumindest nicht auf Gegner, die Ihre Aufschläge voraussehen, sich dementsprechend darauf einstellen und den Ball vergleichsweise leicht zurückspielen können. Sie hätten gerne einen Aufschlag, der zwischen dem Topspin und dem geschnittenen Aufschlag liegt. Er hätte zwar weder so viel sichere Netzfreiheit und Abwärtstrend wie ein Topspin-Aufschlag noch würde er so stark seitwärts einkurven wie ein geschnittener Aufschlag. Sein großer Vorteil wäre aber, bei konstantem Wurf und konstanter Ballposition, daß Sie die Richtung variieren könnten. Ihr Wurf würde nicht Ihre Absicht verraten.
Ein solcher Aufschlag ist ein geschnittener Topspin-Aufschlag. Tennisspieler sprechen von Aufschlägen wie sliced oder geschnitten, Topspin, Amerikanischer Twist (eine übertriebene Art des Topspin), gerader Aufschlag, und früher sprachen sie von einem Gegendrall (Gegenteil vom geschnittenen Aufschlag) und Gegentwist (Gegenteil vom Amerikanischen Twist), obwohl der Hauptschlag vieler Spieler, wenn auch nicht so genannt, in Wirklichkeit ein geschnittener Topspin-Aufschlag war.
Bei einem geschnittenen (Slice-) Aufschlag werfen Sie den Ball etwas vor Ihrer rechten Schulter hoch und schneiden den Ball von rechts oben nach links unten. In dem Moment, wo der Schläger den Ball berührt, muß *Ihr Ellenbogen fast gestreckt sein* und Sie müssen spüren, wie Sie um den Ball herum nach unten schlagen, wie beim Werfen eines Balles mit Effet.
Beim Topspin-Aufschlag werfen Sie den Ball über Ihren Kopf, beugen stark den Ellenbogen, so daß Sie genug Wucht haben, den Ball mit den Saiten des Schlägerkopfes zu treffen. Der noch aufwärtsschwingende Schläger verleiht dem Ball einen Vorwärtsdrall oder Topspin. Sie spüren, wie *Ihr Ellenbogen* im Moment des Kontaktes von Ball und Saiten *noch in einem Streckungsvorgang ist.*
Beim geschnittenen Topspin-Aufschlag werfen Sie den Ball nicht so weit nach vorne rechts hoch wie bei einem geschnittenen Aufschlag. Im Moment des Balltreffens müssen Sie das Gefühl haben, daß sich Ihr Ellenbogen auch hier bis zu einem gewissen Grad noch streckt.
Abb. 6 ist ein Vergleichs-Diagramm der drei Aufschlagsarten. Beachten Sie, daß der Ellenbogen in allen Fällen im Moment des Treffens ge-

streckt dargestellt ist. Sie würden einen völlig falschen Eindruck bekommen und annehmen, daß Sie mit gebeugtem Ellenbogen aufschlagen müssen, wenn er in den Topspin- und geschnittenen Topspin-Zeichnungen gebeugt abgebildet wäre. Tatsache ist, daß Sie bei diesen beiden Aufschlägen, insbesondere beim Topspin, das *Gefühl* haben müssen, daß sich Ihr Ellenbogen, solange Sie Kontakt mit dem Ball haben, immer noch streckt, daß Sie ihn beim „Aufwärtsschwung treffen". Abb. 6 ist zugleich auch ein Vergleichs-Diagramm über die gedankliche Vorstellung, die Sie sich von der Position des Schlägerkopfes zur Zeit des Treffens machen sollten. Natürlich reichen Text und Diagramme nicht aus.

Ebensowenig sind es für die praktische Anwendung Bilderserien. Sie sehen weder das Gesamtbild noch die relative Geschwindigkeit der Schwungphasen. Um selbst einen geschnittenen Topspin-Aufschlag entwickeln zu können, müssen Sie jemanden beim Aufschlagen beobachten.

Abb. 6. Slice, Topspin und geschnittener Topspin-Aufschlag: Bei allen Aufschlägen streckt sich Ihr Arm beim Treffen des Balles aus. Schlagen Sie nicht mit angewinkeltem Ellenbogen. Aber beim Topspin und geschnittenen Topspin spüren Sie, wie Ihr Ellenbogen im Moment des Kontaktes von Ball und Saiten noch in einem Streckvorgang ist, somit schlagen Sie den Ball beim Aufwärtsschwung. So entsteht der Topspin. *Anmerkung:* Der gezielte Kontinental-Griff (Mitte der Handfläche auf der oberen Grifffläche) ist nicht erforderlich. Wenn Sie ihn beherrschen, ist er geeignet, denn das Ende des Griffes, das dabei in einem Winkel zu Ihrem Handgelenk und nicht mehr oder weniger in gleicher Linie ist, gibt Ihrem Handgelenk mehr Bewegungsfreiheit.

Das dürfte nicht schwer sein. Früher meinten Sie vielleicht, daß geschnittene Aufschläge häufig zu sehen sind, einige davon kurvten knapp über das Netz, andere schafften es gerade noch, und wieder andere überquerten das Netz etwas höher und sicherer bei fast gleicher Geschwindigkeit. Die letztgenannten Aufschläge waren in Wirklichkeit geschnittene Topspin-Aufschläge! Sie können diese jetzt, unter Beachtung des ihnen anhaftenden Topspin-Anteiles, analysieren. Dann werden Sie in der Lage sein, selbst zu experimentieren, und zwar viel natürlicher als anhand von irgendwelchen Beschreibungen und Illustrationen.
Alles, was Sie vielleicht an Ihrem jetzigen geschnittenen Aufschlag noch ändern müßten, wäre, den Ball etwas weiter nach hinten zu werfen. Wer weiß, vielleicht entdecken Sie, daß Ihr Aufschlag schon ein geschnittener Topspin ist! Vielleicht werfen Sie ebenso unbewußt den Ball etwas mehr nach rechts, wenn er weit nach außen gehen soll, und etwas näher beim Kopf, wenn Sie entlang der Mittellinie aufschlagen. Ist Ihnen dies noch nicht aufgefallen, dann bestimmt Ihrem schlaueren Gegner.

Der gerade Aufschlag

Ein gerader Aufschlag hat einen kleineren Fehlerspielraum als alle anderen. Da er weder geschnitten ist noch Vorwärtsdrall hat, kurvt er weder seitlich noch wird seine Flugbahn nach unten gedrückt. Durch seine gestrecktere Bahn nach Überquerung des Netzes hat er die geringste mögliche Fläche zum Aufkommen im Aufschlagfeld. Daher hat er auch nur einen geringen Spielraum über dem Netz. Sein Hauptmerkmal ist Geschwindigkeit, denn sonst hätte es wenig Sinn, flach aufzuschlagen. Aber das erfordert wieder, daß er niedrig über das Netz geht. Wird er hart geschlagen, ist er leicht zu verschlagen (s. Abb. 7).
Harte, gerade Aufschläge sind meistens auf männliche Spieler beschränkt, die groß und stark sind und genau genug schlagen, um nicht die meisten ihrer ersten Aufschläge zu vergeuden.
Obwohl der gerade Aufschlag ein bestimmter, eigener Aufschlagtyp ist, ist er nur selten vollkommen gerade. Wenn Sie tief in die Vorhandecke des rechten Spielfeldes aufschlagen, wird Ihnen eine Spur von Schnitt das Gefühl der Sicherheit geben. Beim Aufschlag entlang der Mittellinie in das rechte Feld oder auf die Rückhandseite des linken Spielfeldes werden Sie vielleicht mit der in Schlagrichtung weisenden Schlägerfläche *leicht über* den Ball gehen und ihm einen leichten Vor-

Abb. 7. Der gerade oder harte Aufschlag (Kanonenaufschlag): Sie müssen spüren, daß Sie in voller Streckung aufschlagen. Schlagen Sie den Ball hart. Spielen Sie ihn lang, nicht nach der Seite. So hart Sie auch schlagen mögen, Sie müssen immer gedanklich auf die Ballkontrolle eingestellt sein. Es ist nicht gut, nur an Geschwindigkeit zu denken und den Ball einfach von den Saiten springen zu lassen.

wärtsdrall geben. Man unterscheidet Vorwärtsdrall und Topspin, obwohl sie in genau derselben Richtung drehen. Sprechen wir bei einem Aufschlag von Topspin, dann ist immer der stärkere Drall gemeint, der, wie auf Seite 22 beschrieben und in Abb. 6 dargestellt, durch den Topspin-Aufschlag-Bewegungsablauf erzeugt wird.
Möglicherweise gefällt Ihnen das Konzept, dem Ball die Spur eines Schnittes oder Vorwärtsdralles zu geben, nicht, weil die Geschwindigkeit des harten, geraden Aufschlages dadurch vermindert wird. Schlagen Sie in diesem Fall den Ball hart, aber mit langem Kontakt zwischen Ball und Saiten. Sie sollten fühlen, daß Sie den Ball flach drücken, bevor er den Schläger verläßt. Oder wählen Sie irgendein anderes Konzept, denn auf jeden Schlag, auch den harten, geraden Aufschlag, sollten Sie gedanklich vorbereitet sein, und ihn mit Gefühl schlagen. Er gelingt Ihnen nicht, wenn Sie ihn nur als einen flachen Schuß betrachten.

Die gefährliche Platzhälfte

Kehren wir von den Höhen des harten, geraden Aufschlages zur Alltagsspielstärke zurück. Hierbei gilt das rechte Spielfeld als gefährlich. Es gibt mehr Spielpunkte im linken Spielfeld, aber Sie sind sich dessen auch bewußt. Verlieren Sie beim Aufschlag in das rechte Spielfeld die Punkte, dann können Sie sie bei den nachfolgenden wieder aufholen, indem Sie immer versuchen, ein 0:30 oder 15:40 oder ein Spiel zu retten.
Sie müssen sich gegen eine Situation schützen können, in der ein

Rückschläger im rechten Feld mit starker Vorhand ständig Ihren Aufschlag, insbesondere Ihren zweiten Aufschlag, abnimmt und Sie laufend um einen Punkt zurückwirft. Entscheidend ist Ihre Fähigkeit, Ihren zweiten Aufschlag lang auf die Rückhand des Rückschlägers zu bringen, wobei Sie mindestens auf dem halben Weg zur Seitenlinie stehen sollten.
Fassen Sie das nicht als Verteidigungsaufschlag auf, der seine Vorhand meiden soll. Das wäre ein Gedankenfehler. Bringen Sie Ihren Aufschlag als harten Angriff auf seine Rückhand. Darin liegt der ganze Unterschied. Gleich welche Absichten Sie verfolgen, was immer Ihr Ziel ist und wie immer Sie den Ball werfen – behalten Sie ihn im Auge, schauen Sie nach oben.

Aufschlag in das linke Spielfeld

Können Sie Ihre Punkte im rechten Spielfeld halten, dann können Sie das erst recht im linken. Sie bekommen mehr Selbstvertrauen, wenn Sie einen Punkt voraus sind. Außerdem ist es viel leichter, die Rückhand Ihres Gegners in diesem Spielfeld zu treffen. Ihr mühelos diagonal spielbarer Aufschlag geht genau in diese Richtung. Sie können Ihren Topspin-Aufschlag leicht in die Rückhandecke des linken Feldes treffen, leichter als sonstwohin. Das setzt voraus, daß beide Gegner ungefähr die gleiche Spielstärke haben. Ist das nicht der Fall, dann spielt der bessere Spieler gewöhnlich links, da er von hier aus das Spiel besser führen kann. Denken Sie an das gefährliche Feld und lassen Sie sich nicht unnötigerweise Punkte entgehen, wenn Sie auf den schwächeren Partner des rechten Spielfeldes aufschlagen. Das sollten sich Damen beim Aufschlagen im Gemischten Doppel vom ersten Punkt an klar vor Augen halten. Sie könnten ihn unvorsichtigerweise verlieren und den Rückstand nicht mehr aufholen. Der Spielstand wäre dann letztlich 0:30, 15:30, 15:40, 30:40, Spiel. Das klingt nach männlicher Überheblichkeit, aber es ist oft so, daß der männliche Spieler stärker ist.
Der Rückschläger des linken Spielfeldes bringt seinen Return gewöhnlich auf Ihre Rückhandseite. Sie sollten daher diesen Bereich so gut wie möglich decken. Stellen Sie sich dazu zum Aufschlagen eher weiter nach außen zur Doppelseitenlinie auf. Der Winkel zur Rückhand des Rückschlägers wird größer, wenn Sie von weiter außen aufschlagen. Das erschwert es dem Rückschläger, den Ball zu umgehen und ihn als Vorhand zu spielen. Überlobbt er Ihren Partner, dann müssen Sie zwar mehr laufen, aber dafür bekommen Sie den Ball auf Ihre Vorhand.

Spielt Ihr Gegner in erster Linie nur deshalb in das linke Spielfeld, weil seine Vorhand schwach ist (was Sie während des Aufwärmens oder kurz danach bemerkt haben sollten), dann könnten Sie näher von der Mittellinie aus aufschlagen. Ansonsten wird ein Vorhandangriff des Rückschlägers auf Ihre Rückhand durch den Aufschlag von der Mittellinie aus nur provoziert – eine schlechte Taktik Ihrerseits.
Täuschen? Von der Mittellinie aus aufschlagen, aber auf seine Rückhand? Das gibt ihm die Möglichkeit, einen Rückhand-Crossball weit auf Ihre eigene Rückhand zu spielen. Beim ersten Mal wollen Sie mit einer Rückhand überraschen, damit Ihr Netzpartner eingreifen und einen Punkt machen kann. Und das nächste Mal wollen Sie dann mit einem As entlang der Mittellinie kommen? Nun, der Überraschungsaufschlag auf die Rückhand klappt vielleicht, aber das beabsichtigte As entlang der Mittellinie wird ihn wahrscheinlich nicht überraschen.
Steht ein Aufschläger in der Nähe der Mittellinie, dann fühlt sich der Rückschläger immer durch das As entlang der Mittellinie bedroht und verteidigt sich instinktiv. Gerät der Rückschläger durch Ihren Aufschlag entlang der Mittellinie nicht in Schwierigkeiten, ist Ihre Rückhand stark exponiert, und Sie sind in einer mißlichen Lage. Als Aufschläger hätten Sie sich eine bessere wählen können!
Bei einem Doppel, gleich welcher Spielklasse, werden Sie nur wenige Spieler sehen, die von der Nähe des Mittelzeichens aus aufschlagen; die meisten werden von der linken Seite weiter außen aufschlagen als von der rechten.

Linkshänder im linken Spielfeld

Wenig Linkshänder sind nur „Rechtshänder im umgekehrten Sinne“. Meistens haben sie eine sehr gut entwickelte Vorhand und eine unterentwickelte Rückhand. Sie konnten früher vielleicht einmal einen solchen Spieler im Einzel schlagen, weil Sie seine Rückhand angreifen konnten, aber jetzt im Doppel spielt er Vorhand um Vorhand und bringt Ihren Aufschlag immer besser zurück. Versuchen Sie, entlang der Mittellinie auf seine Rückhand aufzuschlagen, dann umläuft er den Ball und bringt eine bessere Vorhand denn je. Sie sind entschlossen, um jeden Preis auf seine Rückhand aufzuschlagen. Sie schlagen vom Mittelzeichen aus auf und zwingen ihn schließlich dazu, eine Rückhand zu spielen. Aber er schafft es ohne Schwierigkeiten! Er spielt seine ihm eigene Rückhand mit Einwärtsdrall auf Ihre Rückhand. Beim Einzel war das ungefähr der einzige Rückhandschlag, den er fertig-

brachte, und jetzt sieht es so aus, als sei das genau der richtige Schlag, den er benötigt.
Sie haben ihn im Einzel geschlagen, im Doppel dominiert nun er. Wohin Sie auch aufschlagen, er bringt seine besten Schläge: Vorhand-Cross und Rückhand nach außen. Es *muß* eine Taktik geben, mit der man eine solche Situation bewältigt.
Es gibt eine! Spielen Sie in der Tandem-Aufstellung. Nennen Sie es auch Tandem, es ist ein kurzes, beschreibendes Wort. Betrachten Sie diese Aufstellung als normalen Bestandteil Ihres Doppel-Spiels, auf den Sie, wenn er gebraucht wird, zurückgreifen sollten. Die Bezeichnung „Australische Aufstellung" ist zu vage und besagt nichts. In Australien wird es sogar „Amerikanische Formation" genannt, also hat eigentlich keines der beiden Länder einen Anspruch darauf. Bei der Tandem-Aufstellung (d.h. ein Spieler hinter dem anderen) steht Ihr Netzpartner auf derselben Spielfeldseite wie Sie. Mit dieser Aufstellung blockiert er die zwei natürlichen Aufschlag-Returns des Linkshänders: Vorhand-Cross und Rückhand nach außen. Sie stehen direkt neben dem Mittelzeichen, in der Absicht, einen geschnittenen Aufschlag entlang der Mittellinie auf seine Rückhand zu bringen. Danach befassen Sie sich mit seinem Return, von dem Sie erwarten können, daß er schwächer sein wird als zuvor.
Nach Ihrem Aufschlag müssen Sie sofort laufen, um Ihre vollkommen exponierte Vorhandseite zu decken. *Aufschlagen und zur Seite laufen* – ein ebenso koordinierter Bewegungsablauf wie Aufschlagen und zum Netz vorlaufen.
Sie stellen sich so auf – und der Linkshänder schlägt eine Rückhand (oder Vorhand, wenn Ihr Aufschlag nicht auf seine Rückhand kommt) in die ungedeckte Mitte, zwischen Sie und Ihren Partner, und holt dabei einen sicheren Punkt. Warum ist es diesmal schiefgegangen? Es lag am Netzspieler (Abb. 8).
Da Sie nach rechts rücken, um die exponierte rechte Seite des Spielfeldes zu decken, liegt es beim Netzspieler, die Mitte zu decken. Dazu muß er von vornherein näher als sonst bei der Mitte stehen, zumindest halbwegs zwischen Einzelseitenlinie und Mittellinie. Es ist auch erforderlich, daß er weiter hinten steht als zuvor, mindestens in der Mitte zwischen Netz und Aufschlaglinie. Das gibt ihm mehr Zeit, an den Ball zu kommen.
Ein Netzspieler fühlt sich in dieser Position vielleicht exponiert und verwundbar, aber die Tandem-Aufstellung ist auch für den Aufschläger unnatürlich und unbequem. Demzufolge kommen eine Menge Unannehmlichkeiten auf Sie zu. Andererseits ist das die beste Technik,

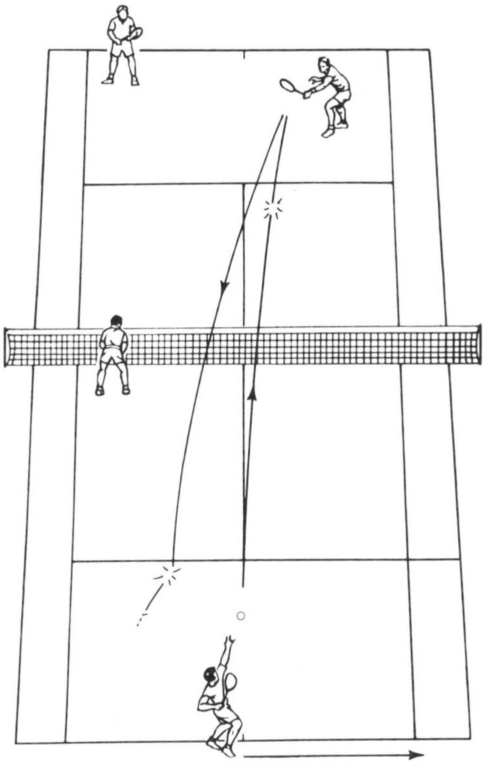

Abb. 8. Falsche Tandem-Aufstellung: Die Position Ihres Netzpartners ist falsch. Er steht am selben Platz, den er einnimmt, wenn Sie im rechten Spielfeld aufschlagen. Selbst dann wäre er zu nahe am Netz und an der Seitenlinie, um wirkungsvoll zu sein. Bei Tandem werden solche unpassenden Netzpositionen noch unterstrichen. Der Netzspieler soll mehr in der Mitte und weiter hinten stehen.

einen sonst dominierenden Linkshänder in Schach zu halten. Gut eingeübt, können Sie diese Taktik mit Ihrem Partner nach Belieben im Match anwenden.
Denken Sie an die Tandem-Aufstellung nicht nur beim Spiel gegen Linkshänder, sondern auch gegen Rechtshänder im linken Spielfeld mit einer gut entwickelten Rückhand und einer schwachen Vorhand. Das findet man bei vielen beidhändigen Spielern.

Der Ballwechsel nach dem Aufschlag

Obwohl Ballwechsel im Doppel selten so lang sind wie im Einzel, gibt es doch immer eine Anzahl von Grundlinien-Ballwechsel. Normalerweise dauern sie von der rechten Seite in das rechte Spielfeld, Vorhand auf Vorhand, länger. Wenn der Aufschlag-Return Ihres Gegners nicht gerade so kurz und hoch kommt, daß Sie seinen Netzpartner mit einem harten Schuß erfolgreich passieren können, dann wünschten Sie sich diesen Netzpartner hinten (also beide Rückschläger hinten) und nicht am Netz (ein Rückschläger vorne, ein Rückschläger hinten). Die Aufstellung „beide Rückschläger hinten" bietet dem Aufschläger einen viel größeren Spielraum. Bei schwachem bis ordentlichem Aufschlag-Return können Sie die Rückhand des einen oder anderen Gegners angreifen. Bei einem starken oder unangenehmen Return haben Sie keinen drohenden gegnerischen Netzspieler gegenüber.
Ballwechsel gegen eine Rückschläger-Aufstellung „ein Spieler vorne, ein Spieler hinten" spielen sich meistens wie in Abb. 9 ab, wobei beide Netzspieler bei jeder Gelegenheit versuchen, den Ball abzufangen. Ist

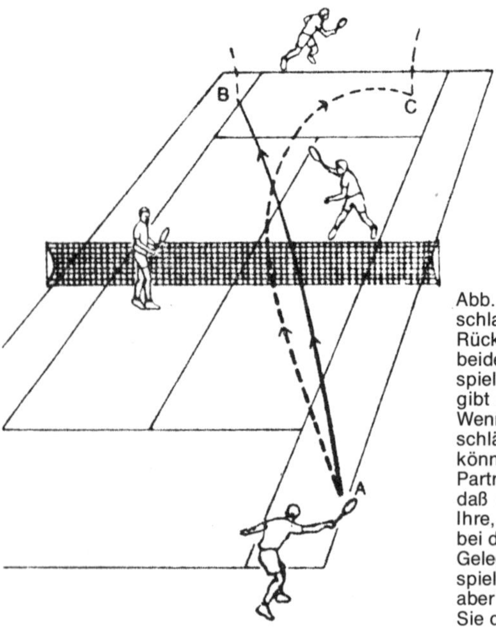

Abb. 9. Ballwechsel nach dem Aufschlag: Sie schlagen auf und der Rückschläger returniert (keiner der beiden Schläge ist gezeigt). Sie spielen von A aus. Im allgemeinen gibt es Drive-Ballwechsel wie AB. Wenn es Ihnen gelingt, den Rückschläger weit hinauszutreiben, könnten Sie einen Lob über seinen Partner spielen. Wenn Sie merken, daß seine Drives besser sind als Ihre, sollten Sie einen solchen Lob bei der ersten Gelegenheit spielen. Gelegentlich können Sie den Netzspieler an der Seitenlinie passieren, aber öfter noch wird er versuchen, Sie dazu zu verleiten.

Ihre Vorhand stärker als die Ihres Grundlinien-Gegners, heißt Ihre Taktik: Zermürbung. Betrachten Sie das nicht als ideenlos, denn in einem Vorhand-Drive-Ballwechsel Oberhand zu gewinnen ist niemals einfältig. Hat der Gegner die bessere Vorhand, ist es klüger, sobald wie möglich – und bevor es zu spät ist – den Drive-Ballwechsel abzubrechen. Der bevorzugte erste Schlag zur gewollten Unterbrechung des Ballwechsels ist ein Lob über den gegnerischen Netzspieler. Das ist mehr als nur eine Unterbrechung des Drive-Ballwechsels, es ist ein Angriff. Spielen Sie bei erstbester Gelegenheit Lobs, ein zweites Mal haben Sie keine Möglichkeit mehr dazu. Dann werden Sie wahrscheinlich den schlimmsten Drive-Ballwechsel hinnehmen müssen und zu Verteidigungslobs gezwungen sein. Dann übernimmt der gegnerische Netzspieler die Initiative und wird das nach Belieben auskosten.
Besteht keine Gelegenheit, den Netzspieler zu überlobben, dann haben Sie noch eine Möglichkeit, den schnellen Schlagrhythmus zu unterbrechen. Sie spielen den Ball hoch, langsam und lang auf den Grundliniengegner und warten ab. Diese Taktik ist gewöhnlich besser, als einen kurzen Ball zu versuchen, der zwar vielleicht schwach, aber nicht kurz kommt. Gelingt der Passierschlag entlang der Seitenlinie des Netzspielers nicht, so ist das für Ihre Seite fast ein sicherer Verlustpunkt. Wenn Sie das wissen, dann dürften Sie eigentlich nicht dem Gedanken selbstmörderischer Ungeduld verfallen, wie man das schon so oft beim Ballwechsel in der Aufstellung „ein Spieler vorne, ein Spieler hinten“ beobachten konnte. „Spiele in das offene Feld“ ist Ihre Devise.
Der Lob über den Netzpartner wird bei einem Ballwechsel vom rechten zum rechten Spielfeld viel häufiger im Damen- als im Herren-Doppel verwendet. Das ist verständlich, da die Reichweite einer Durchschnittsspielerin nicht so hoch ist und sie sich eher damit begnügt, von ihrer Seite auf die andere überzuwechseln und die Angelegenheit ihrer Grundlinien-Partnerin zu überlassen. Im Gemischten Doppel, bei dem der Mann rechts spielt, ist die Verwundbarkeit durch Lobs über die Netzspielerin die Achilles-Ferse eines jeden Paares. Darüber sollten Sie sich im klaren sein. Den Netzspieler im Herren-Doppel zu überlobben, ist nicht so leicht, daher ist es ratsam, den Netzspieler mit irgendeinem Schuß weit nach außen auf der Rückhandseite zu überlobben. Kurz, das Überlobben des Netzspielers sollte eher ein fester Bestandteil als ein Zufallsereignis Ihres Spiels sein. Nehmen Sie sich an den Damen ein Beispiel!
Ballwechsel vom rechten zum rechten Spielfeld sind deshalb so lang, weil beide Grundlinienspieler in diesen diagonal gegenüberliegenden Ecken dazu neigen, hinten stehenzubleiben. Keiner riskiert es, bei

einem Vorhanddrive des Gegners nach vorne an das Netz zu gehen oder dessen Vorhandlob über den Netzspieler abzufangen. Wenn Sie von links nach links spielen, dann sollten Sie, sobald Sie einen guten Schlag gebracht haben, an das Netz vorgehen. Es ist weniger wahrscheinlich, daß die Rückhand Ihres Gegners für Ihren Flugball zu gut ist. Bringt er einen Rückhandlob über Ihren Partner, so kommt er auf Ihre Vorhandseite, wo Sie ihn wahrscheinlich abfangen können. Es ist meistens eine Verlierer-Taktik, sich mit einem drohenden Netzspieler als Gegenüber in der Grundlinienecke festnageln zu lassen.
Die letzten Angaben werden Sie besonders geeignet finden, wenn Sie auf einen Linkshänder in das linke Spielfeld aufschlagen, der Ihnen Vorhand um Vorhand in Ihre Rückhandecke hämmert. Wenn Sie schon nicht zur Abwehr der Vorhand Ihres Gegners vom rechten Spielfeld an das Netz vorgehen wollten, dann würden Sie sich in die Höhle des Löwen begeben, wenn Sie das bei einer linkshändigen, gewöhnlich noch stärkeren Vorhand tun würden. Das Überlobben des Netzspielers ist eine sehr unsichere Sache, denn Ihr Rückhandlob steht gegen seinen Vorhand-Schmetterball. Es ist offensichtlich eine bessere Taktik, die Initiative zu ergreifen und in Tandem-Aufstellung zu spielen.
Spielen Sie in der Tandem-Aufstellung, dann erzwingen Sie durch den Aufschlag auf die Rückhand des Linkshänders einen Return, der für

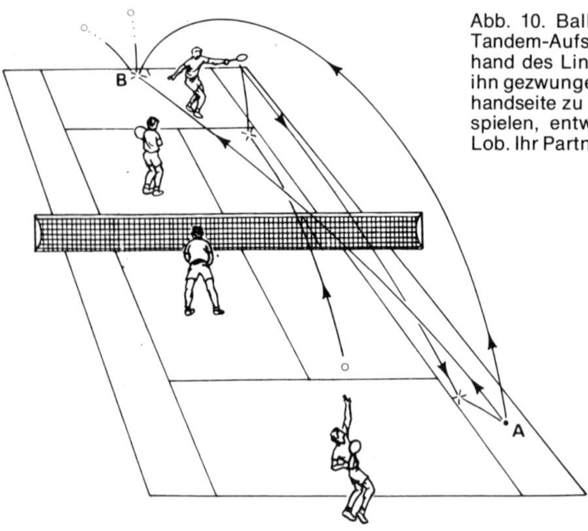

Abb. 10. Ballwechsel nach einem Tandem-Aufschlag auf die Vorhand des Linkshänders: Wenn Sie ihn gezwungen haben, seine Rückhandseite zu öffnen, sollten Sie AB spielen, entweder mit Drive oder Lob. Ihr Partner steht jetzt sehr gut.

Ihre Vorhand kein Problem sein dürfte. Oder Sie schlagen weit nach außen auf und zwingen ihn damit, seine Rückhand für Ihren nächsten Return zu entblößen. Wie in Abb. 10 zu sehen ist, kann das entweder ein Drive oder Lob sein. Das ist gutes Tennis – weitaus besser, als in der Rückhandecke festgenagelt zu sein.

Der linkshändige Aufschlag

Im Abschnitt „Aufschlag in das linke Spielfeld" (S. 26) erfuhren Sie, daß es normalerweise eine schlechte Angriffstaktik für einen Rechtshänder ist, unmittelbar links neben der Mittellinie zu stehen, seine Rückhand dadurch zu exponieren und entlang der Mittellinie in das linke Feld aufzuschlagen. Es hat den Anschein, daß Sie in dieser Situation das Spiegelbild des Linkshänders sind, der unmittelbar rechts der Mittellinie steht und entlang der Mittellinie in das rechte Feld aufschlägt. Es ist jedoch nicht genau die umgekehrte Situation. Die Unterschiede verändern das praktische Ergebnis.
Erstens geht Ihr linkshändiger Aufschlag auf die *Rückhand* Ihres Gegners, und nur wenige Spieler im rechten Feld können die Rückhand mit ebensolchem Druck auf die Außenseite schlagen wie die Vorhand vom linken Spielfeld. Zweitens haben Sie vielleicht einen linkshändigen, geschnittenen, gekrümmten Aufschlag, der Ihren Gegner dazu zwingt, seine Rückhand fast von der Spielfeldseite seines Partners zu schlagen (Abb. 11).
Abgesehen davon, daß sich Ihr Gegner nach diesem Aufschlag in das rechte Spielfeld strecken muß, kann Ihr Netzpartner mehr zur Mitte gehen und ohne großes Risiko die Seitenlinie ungedeckt lassen. Wenn Sie weiter außen aufschlagen würden – um Ihre Rückhand zu decken –, würde die Wirkung Ihres Aufschlages zerstört. Kurz gesagt, sobald Sie merken, daß Ihr Gegner mit Ihrem Mittelzeichen-Aufschlag nicht zurechtkommt, nützen Sie die Situation und greifen an. Nur wenn er damit fertig wird, sollten Sie die defensivere Position einnehmen und nach außen gehen. In ähnlicher Weise sollten Sie den geschnittenen, gekrümmten Aufschlag in Ihrem Schlagrepertoire haben und diesen von weit links außen in das linke Spielfeld schlagen. Ihr Gegner wird versuchen, über Ihren Partner weit auf Ihre Rückhand zu lobben (Spiegelbild der Situation DEF in Abb. 3 auf Seite 14). Diese Lobs können aber nicht sehr genau sein, wenn er die meisten von der Nähe der Seitenbegrenzung aus spielt. Vielleicht ist es in Abb. 11 etwas übertrieben dargestellt, aber wer weiß, ob nicht ein leichter Seitenwind

nachhilft? Auf jeden Fall führt all das zu einem guten Beispiel der vollen Ausnutzung eines starken Schlages, der nicht durch taktische Überlegungen eingeengt wird. Übertrieben oder nicht, für einen Linkshänder scheint der geschnittene kurvende Aufschlag der natürlichste zu sein.

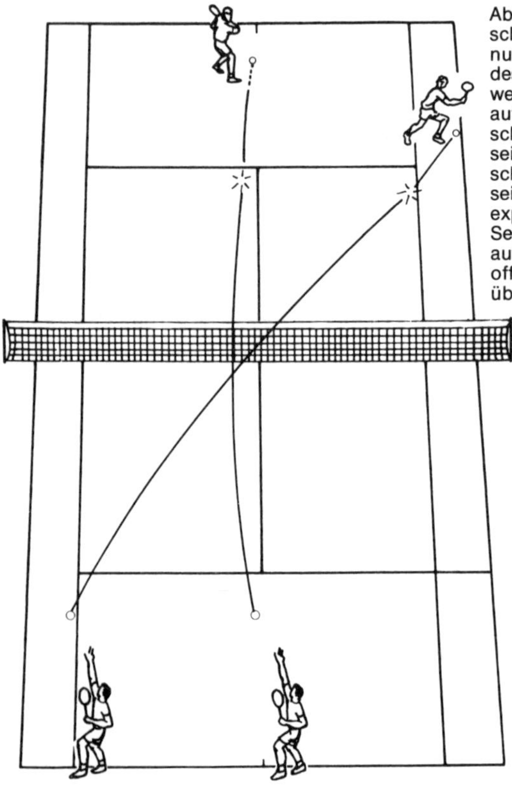

Abb. 11. Der geschnittene Aufschlag des Linkshänders: Ob er nun von der rechten Seite nahe des Mittelzeichens oder von weit außen von der linken Seite aufgeschlagen hat, dieser Aufschlag kann so wirkungsvoll sein, daß der linkshändige Aufschläger es sich leisten kann, seine Rückhand maximal zu exponieren. Auf der rechten Seite sehen Sie sie exponiert; auf der linken Seite wäre sie offen, wenn der Rückschläger über den Netzspieler lobbt.

Unglücklicherweise beherrschen ihn weniger Spieler als angenommen wird. Verfolgen Sie Ihren Weg im Tennis bis zu seinen Anfängen zurück, als Sie noch keinen starken Aufschlag hatten und Sie Ihre Rückhand decken mußten. Sie standen weit von der Mittellinie entfernt – auf der rechten Seite, wo das Spiel begonnen wird – und haben auf Ihre Außenseite nach links aufgeschlagen. Dieser Aufschlag entwickelte sich bei Ihnen natürlicher als der geschnittene.

Wenn Sie einen geschnittenen Aufschlag entwickeln wollen, dann müssen Sie behutsam daran arbeiten. Sonst laufen Sie Gefahr, daß die ständige Anstrengung einer neuen Aufschlagbewegung mehr Schulterbeschwerden verursacht als irgend etwas anderes, wie zum Beispiel das Verschlagen eines oder zweier krummer Schmetterbälle.

Abb. 12. Der Linkshänder zwingt den Rückschläger, verkrampft zu schlagen: Stellen Sie sich etwa in der Mitte zwischen Mittelzeichen und Seitenlinie auf und werfen Sie den Ball über Ihren Kopf und etwas nach rechts. Dies droht ein Topspin-Aufschlag zur Seitenlinie zu werden, der wegspringt (AB). Schlagen Sie stattdessen ziemlich direkt auf den Rückschläger auf (AC). Der Ball kurvt etwas auf seine linke Seite, dann springt er hoch und in ihn hinein und zwingt ihn zu einer verkrampften, mit wenig oder gar keiner Wucht gespielten Rückhand. Ähnlich ist es von der linken Seite aus. Sie können einen geschnittenen Aufschlag auf den Körper des Rückschlägers, auf seine Vorhandseite, schlagen. Es muß eine Freude sein, einen wirklich guten linkshändigen Aufschlag zu haben!

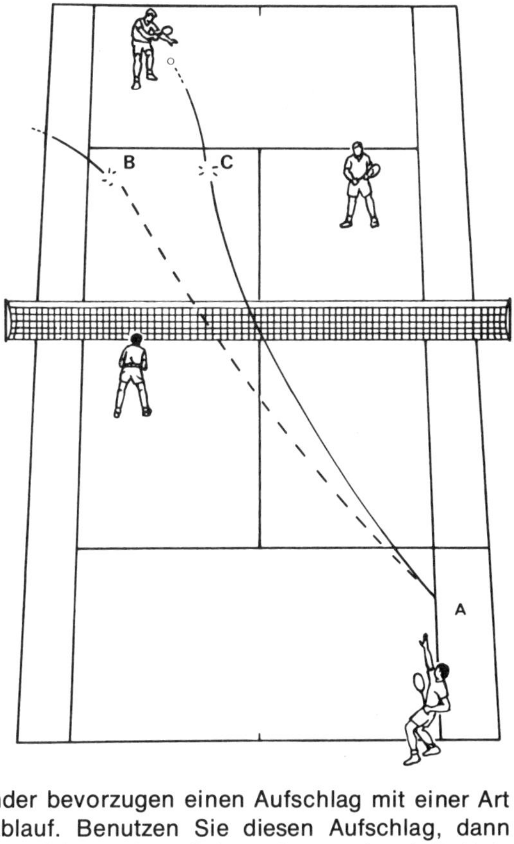

Die meisten Linkshänder bevorzugen einen Aufschlag mit einer Art Topspin-Bewegungsablauf. Benutzen Sie diesen Aufschlag, dann können Sie weit außen auf der rechten Seite stehen, weit auf die Vorhand Ihres Gegners aufschlagen und die meisten Returns mit Ihrer Vorhand annehmen. Die Absicht ist hier, wie in Abb. 11, bei dem gekrümmten, geschnittenen Aufschlag, den Gegner in eine ungünstige Lage zu bringen, da er sich weit nach außen strecken muß. Nun, alle

Linkshänder sollten sich auch über ihre „eingebaute“ Fähigkeit im klaren sein, einen Rückschläger zu einem verkrampften Schlag zwingen oder ihn weit nach außen treiben zu können (Abb. 12).

Der Netzpartner des Aufschlägers

Wie in Abb. 8 auf Seite 29 zum Thema „Tandem-Aufstellung“ gezeigt wird, steht der Durchschnitts-Netzspieler zu nahe bei Netz und Seitenlinie, um wirkungsvoll zu sein.
Er deckt seine Seitenlinie, als ob es eine Schande wäre, wenn entlang derselben einmal ein Punkt gemacht wird. Andererseits läßt er ungeniert Ball für Ball an sich vorbei die Mitte entlangsegeln und überläßt das Annehmen einfach seinem Partner – fast so, als hätte dieser nicht selbst eine Seitenlinie zu decken.
Wenn der Rückschläger lobbt, läßt der Netzspieler den Ball über sich hinwegfliegen und rückt lediglich auf die andere Seite – zufrieden, seine taktische Pflicht erfüllt zu haben, nicht im Bewußtsein, wie ein Anfänger auf der falschen Seite stehengeblieben zu sein. Verliert sein Partner seinen Aufschlag, sieht der Netzspieler gewöhnlich die Ursache einzig und allein darin, daß dessen Aufschlag oder Ballwechsel nicht gut genug war.
Nicht daß der Durchschnitts-Netzspieler selbstgefällig oder gefühllos wäre. Er unterschätzt nur insgesamt seine eigene Nützlichkeit an der rechten Seite. Insbesondere ist er, was das Decken seiner Seitenlinie anbelangt, zu selbstbewußt. Er irrt sich auch bezüglich seiner Flugballtaktik. Er weiß, daß er nicht gut Flugball spielt. Aufgrund dieser Tatsache glaubt er, näher am Netz stehen zu müssen, in der Annahme, dadurch mit größerer Wahrscheinlichkeit den Ball über das Netz zu bekommen – selbst dann, wenn er ihn nicht richtig treffen sollte. In Wahrheit hätte er mehr Zeit, den Ball zu beobachten, wenn er nur etwas weiter hinten stehen würde. Und er könnte dann einen Flugball besser spielen. Die Fehlschläge gehen nur selten über das Netz, gleichgültig wie nahe Sie beim Netz stehen.
Als einsichtiger Netzspieler merken Sie, daß mehr Zeit zum Abfangen der Bälle bleibt, wenn Sie etwas weiter entfernt vom Netz stehen und Ihren Partner somit bis zu einem gewissen Grad unterstützen können, die Mitte zu decken. Außerdem wird Ihr Gegner daran gehindert, Sie mit einem Lob, zumindest mit einem schwachen Lob, zu überspielen. Es bleibt Ihnen mehr Zeit, die Seitenlinie, die Sie so eifrig bewachen, zu decken.

Mitarbeit

Wenn Sie das nächste Mal spielen, stellen Sie sich ziemlich weit hinten auf, fast in der Mitte zwischen Netz und Aufschlaglinie, und schauen Sie, wie Sie damit zurechtkommen. Mit höheren Bällen werden Sie wahrscheinlich gut fertig. Werden Sie aber von einem der Rückschläger mit niedrigen Flugbällen zu Fehlern gezwungen, dann sollten Sie im Spiel gegen diesen speziellen Rückschläger etwas näher an das Netz gehen.
Eines steht fest: Sie werden ein größeres Interesse und mehr Sinn für Mitarbeit haben, wenn Ihr Partner aufschlägt, anstatt mehr oder weniger abseits vom Spiel zu stehen und abzuwarten, bis es zu Ende ist und Sie selbst wieder eingreifen können.
Sind Sie einmal damit vertraut, von weiter hinten zu spielen, dann sollten Sie versuchen, sich etwas weiter von der Seitenlinie entfernt aufzustellen. Machen Sie nicht beide Schritte auf einmal, das wäre zu viel verlangt, und Sie würden sich in Ihrer neuen Stellung nicht wohl fühlen.

Abb. 13. Ein Spieler vorne, ein Spieler hinten – der Deckungsbereich des Netzspielers: Diese Deckungsaufgabe ist nicht anspruchsvoll. Sie zeigt vielmehr, daß Sie sich fast selbst aus dem Spiel bringen, wenn Sie näher am Netz und an der Seitenlinie stehen und daß Sie die Hauptlast auf Ihren Partner abwälzen. Wenn Ihr Partner in die Mitte aufschlägt, können Sie vielleicht etwas mehr die Mitte abdecken als gezeigt. Schauen Sie sich nicht nach Ihrem Partner um, wenn er aufschlägt. Sie sind dadurch langsamer. Dies hier ist ein Fall, wo Sie den Ball nicht auf seinem ganzen Weg anschauen sollen.

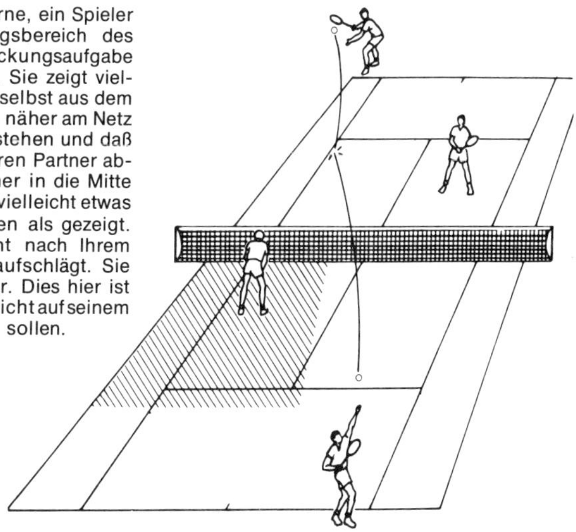

Es gibt keine festgelegte Netzposition, die für alle Spieler gilt. Probieren Sie es darum selbst aus und finden Sie Ihre eigene Position. Sogar diese wird etwas variieren gegenüber verschiedenen Rückschlägern. Sie können eine leicht veränderte Position vorziehen, wenn Sie auf der

rechten oder linken Spielseite spielen. Sie müssen insgesamt das Gefühl haben, daß Ihre Seitenlinie gut genug abgesichert ist, daß Sie einen kurzen Lob erreichen können und gleichzeitig bereit sind, bis zu einem gewissen Maß die Mitte zu decken. Einen Vorschlag, wie Sie vernünftig decken können, sehen Sie in Abb. 13.
Wenn Sie noch irgendwelche Zweifel hegen und meinen, daß das nur für gute Flugballspieler gilt, sollten Sie sich von Ihrem Gegner eines Besseren belehren lassen. Als Rückschläger würden Sie natürlich lieber einen „zahmen“ Netzspieler als Gegenüber haben! Ursprünglich haben Sie vermutlich auch nur widerwillig die Netzposition eingenommen, wenn Ihr Partner an der Reihe war, den Aufschlag anzunehmen. Aber als mitarbeitender Netzspieler werden Sie die daraus erwachsenden Vorteile erkennen – zumindest dann, wenn Ihr Partner den zweiten Aufschlag annimmt.

Das Flugballspiel

Wollen Sie Ihre Flugbälle spielen? Sie sind bestimmt viel schneller und verschlagen weitaus weniger Bälle, wenn Sie sich nicht dagegen wehren. Sie sollten versuchen, den Ball zu treffen – und nicht das Gefühl haben, vom Ball getroffen zu werden. Machen Sie Dampf!
Halten Sie Ihren Schläger fest und das Handgelenk angespannt. Spielen Sie einen kurzen, scharfen Schlag. Ein schwaches Handgelenk und ein flatternder oder hängender Schlägerkopf sehen trostloser aus, als das je das Gesicht eines Spielers kann. Kommt der Ball hoch und langsam auf Ihre Vorhand, gleiten Sie mit Ihrem linken Fuß ein gutes Stück nach vorne. Das bringt Sie näher zum Netz und gleichzeitig seitlich dazu. Beide Bewegungen verhindern, daß Ihr Ball weit über das Spielfeld hinausgeht. Bei einem ähnlichen Ball auf Ihre Rückhand schieben Sie Ihren rechten Fuß entsprechend nach vorne. Das sind einfache, aber sehr nützliche Tricks. Wenn Sie im Doppel am Netz stehen, ist das Flugball-Spielen am leichtesten.

Das Schmettern

Betrachten Sie das Bemühen, so viel Lobs wie möglich zu erreichen und sie zu schmettern, als korrekte Doppel-Taktik. Sie ist bestimmt besser, als zahm auf die andere Seite zu wechseln und die Bälle Ihrem Partner zu überlassen. Glauben Sie nicht, daß Sie immer mit aller Gewalt schmettern müßten, genausowenig wie Sie es beim Aufschlagen tun. Die Abwärtsrichtung eines Überkopfballes läßt ihn für Ihren Gegner unangenehm hoch aufspringen. Der Schmetterball bringt Ihre Gegner daher ungleich mehr in Schwierigkeiten als der Aufschlag Ihres Partners. Der Bewegungsablauf ist ähnlich wie beim Aufschlag, aber nicht identisch, denn Sie brauchen nicht so viel Schwung. Beim Aufschlag nehmen Sie den Schläger hinter Ihrem Körper hoch; beim Schmetterball nehmen Sie ihn vorne hoch.

Wenn Sie überlobbt werden

Zur klaren Darstellung nehmen wir zwei extreme Beispiele. Im ersten Fall hat Ihr Partner von der linken Seite aufgeschlagen, und der Lob, der über Sie hinweggeht, ist recht hoch und nicht sehr lang. Er springt ziemlich gerade auf. Ihr Partner wird daher kaum Schwierigkeiten haben, ihn als Halb-Schmetterball zu bringen, das heißt, ein Schmetterball nach einem gesprungenen Lob. In einem solchen Fall gehen Sie auf die andere Seite des Spielfeldes und bleiben in Ihrer Angriffs-Aufstellung „ein Spieler vorne, ein Spieler hinten".
Im zweiten Fall hat Ihr Partner von der rechten Seite aus aufgeschlagen, der Lob über Sie ist lang. Ihr Partner erwischt ihn gerade noch mit seiner Rückhand am hinteren Zaun. Der einzige Schlag, der ihm bleibt, ist ein schwieriger Rückhand-Lob. In diesem Fall ziehen Sie sich diagonal auf die Grundlinienposition zurück, die er freigemacht hat, und stellen sich in der Aufstellung „beide Spieler hinten" auf – und bleiben im Spiel. Natürlich ist das einleuchtend. Aber beobachten Sie einmal andere Paare. Sie werden immer wieder sehen, wie der Netzspieler geradewegs überwechselt und erst dann genügend nach hinten geht, wenn der Gegner schon beim Schmettern ist. Er kann dann nur noch den Ball bei seinen Schuhnesteln auflesen!
Sie können sich zu einer Aufstellung „beide Spieler hinten" diagonal zurückziehen, wenn Ihr Partner einen Rückhand-Lob als guten Befreiungsschlag spielt. Er bringt einen langen diagonalen Ball, der tief in der Rückhandecke Ihres Gegners aufkommt und ihn in die Defensive drängt. Überprüfen Sie sofort Ihren Rückzug, gehen Sie nach vorne und nehmen Ihre Angriffsposition „ein Spieler vorne, ein Spieler hinten" wieder ein.
Sie werden Spieler sehen, die das versäumen, aber die korrekte Taktik verlangt die Aufstellung „ein Spieler vorne, ein Spieler hinten" für den Angriff und „beide Spieler hinten" für die Verteidigung.

Packen Sie zu!

Es wird von Ihnen nicht erwartet, daß Sie Meister im Flug- oder Schmetterballspielen sind, die ganze Mitte decken und jeden Lob abwehren, der auf Ihre Spielfeldhälfte gerichtet ist. Wären Sie das, dann würden Sie mit einem ähnlich befähigten Partner spielen, und Sie beide würden in der Netzspiel-Aufstellung und nicht in der Aufstellung „ein Spieler vorne, ein Spieler hinten“ spielen. Trotzdem fordern die Taktiken von Ihnen bis zu einem gewissen Grad Netzdeckung – sonst spielen Ihre Gegner praktisch zwei gegen einen. Also packen Sie zu!
Ähnlich ist es im Damen-Doppel. Die Spielerinnen sind sich vermutlich darin einig, daß sich die Netzspielerin gewöhnlich in der Ecke verschanzt, die von Netz und Seitenlinie gebildet wird, und ihre aufschlagende Partnerin alleine das Spiel machen läßt. Und das aus dem einfachen Grund, weil sie glaubt, die Grundlinienschläge ihrer Partnerin seien sicherer als ihr eigenes Netzspiel. Vielleich sind sie das auch, aber sind sie auch immer wirkungsvoller? Wir wollen das nicht entscheiden, aber wir können mit Bestimmtheit sagen, daß jede Spielerin, die sich zutraut, Flugball zu spielen, besser daran tut, aus der Netz-Seitenlinien-Ecke herauszugehen und ihren nutzvollen Teil zum Spiel beizutragen.
Der widerstrebendste Netzspieler von allen ist wohl die Partnerin im Gemischten Doppel. Es sieht fast so aus, als sei sie in den Netzpfosten verliebt. Wenn Sie zu dieser Kategorie Spielerinnen gehören, dann wird nicht erwartet, daß Sie über Nacht zu einer forschen, die Mitte deckenden Flugballspielerin aufblühen. Sie sollten aber wirklich weiter hinten stehen, um die auf Sie gespielten Lobs zu entkräften. Werden Sie ständig von der gegnerischen Spielerin im rechten Spielfeld überlobbt, dann lassen Sie es zu, daß die Vorhand Ihres Partners mit nur einem Schlag aus dem Spiel gebracht wird – mit einem Schlag vom schwächeren Mitglied Ihres gegnerischen Paares, während deren Partner gleichzeitig über das Netz herrscht.

Das Abfangen der Bälle

Falls Ihre letzten Zweifel beim Netzspiel das Abfangen der Bälle betreffen, hier sind zwei grundlegende Regeln:

- Der Ball, mit dem Sie auf Anhieb einen eindeutigen Punkt machen können, ist Ihrer. Letzten Endes ist es gleich, ob Sie beim Schlagen bis über die Seitenlinie Ihres Rückfeld-Partners gehen und zum

Schluß im Seitenzaun hängen. Der Punkt ist gemacht. Sie waren näher am Netz und der Richtige beim Schlagen.

- In jeder Position, in der Sie mit Ihrem Flugball einen durchdringenderen Schlag bringen können als Ihr Rückfeldpartner mit einem Grundlinienschlag, ist es Ihr Ball, wenn Sie sofort, ohne das Gleichgewicht zu verlieren, in Ihre ursprüngliche Position zurückkehren können.

Das ist nicht Raub (oder Wildern, besonders nicht beim Gemischten Doppel). Das ist Abfangen. Wenden Sie noch mal den Gegner-Test an; ist es denn nicht einfacher, gegen ein Paar zu spielen, dessen Netzspieler nie dazwischengeht?

So gespielt, ist das Abfangen der Bälle eine gesunde Taktik und nicht mit dem Ruf des Glücksspiels behaftet. Man sieht jedoch dann und wann einen guten Netzspieler, der mehr tut als das. Nachdem er nun beschlossen hat, daß sein Gegner sicher einen Drive quer über das Feld spielen wird, geht er ziemlich weit hinüber, über die Mitte hinaus, und schlägt einen gewinnbringenden Flugball. Nichts ist erfolgreicher als der Erfolg, und so spricht man von einem gewagten Abfangen. Täuscht aber der Gegner den Netzspieler und ändert in letzter Sekunde die Richtung, um ihn mit Leichtigkeit entlang seiner exponierten Seitenlinie zu passieren, dann zahlt der Netzspieler für die Erfolglosigkeit und wird ein Wilderer genannt.

Ständig gewagt abzufangen ist nur bei einem Gegner möglich, der nicht täuscht. Wenn er täuschen kann, müssen Sie jenen zusätzlichen Bruchteil einer Sekunde abwarten, in dem Sie sich vergewissern können, daß er nicht mehr in der Lage ist, die Richtung zu ändern. Und dann ist es für ein gewagtes Abfangen zu spät. Das ist zwar bitter, aber so ist Tennis.

3. „Ein Spieler vorne, ein Spieler hinten" – Rückschläger

Bei den Rückschlägern bedeutet die Aufstellung „ein Spieler vorne, ein Spieler hinten", daß der Spieler, der den Aufschlag annimmt und zurückspielt, normalerweise hinten steht und Grundlinienschläge spielt, während sein Partner die Netzposition einnimmt und alle Bälle schlägt, die er sicher erreichen kann. Manchmal bleibt der Rückschlägerpartner hinten, und manchmal folgt der hintere Spieler (Aufschlag-Rückschläger) nach einem kurzen Ball nach vorne. Ihre Grundaufstellung wird jedoch „ein Spieler vorne, ein Spieler hinten" genannt.

Der Netzspieler

Wenn der Netzspieler auch oft eine fehlerhafte Position (s. S. 36) einnimmt, solange sein Partner aufschlägt, zwängt er sich, wenn er Rückschläger-Netzspieler wird, nur selten oder nie in die Seitenlinie-Netz-Ecke. Mit der veränderten Situation sucht er die Mitarbeit, anstatt sie zu meiden. Gewöhnlich erwartet er die weitere Entwicklung direkt innerhalb der Aufschlaglinie. Dann, sobald sein Partner den Ball weit und sicher außer Reichweite des gegnerischen Netzspielers spielt oder ihn überlobbt, rückt er nach vorne – nicht zu nahe ans Netz, aber dahin, wo er die beste Chance zum Abfangen spürt. Er exponiert seine Seitenlinie nicht, aber damit hat er jetzt weniger zu tun, als wenn er am Netz stehen und sein Partner aufschlagen würde.
Was er tut, ist ganz natürlich für ihn. Sein Partner wird Drive oder Lobs in das Rückfeld spielen. Somit ist der Aufschläger weit entfernt, und der Rückschläger-Netzspieler fühlt sich ermutigt mitzuarbeiten. Im Gegensatz dazu fühlt sich der Netzspieler, wenn sein Partner aufschlägt, durch die Nähe des Rückschlägers fast bedrängt (der Ball muß ja im Aufschlagfeld auftreffen und ist entsprechend kurz). Er bleibt in seiner Ecke, entschlossen, seine Seitenlinie auf Gedeih und Verderben zu bewachen. Daraus folgt, daß im Doppel bei der Aufstellung „ein Spieler vorne, ein Spieler hinten" oft nur das Rückschläger-Paar ganz natürlich die bessere Position als das Aufschläger-Paar hat. Das ist ein Grund, warum (rein taktisch) Aufschläge bei niedrigerem Spielniveau häufiger abgenommen werden als bei höherem Standard (Abb. 14).

Abb. 14. Zutaten für einen Aufschlagdurchbruch: Der Aufschlag (auf die Vorhand des Rückschlägers) ist nicht gezeigt. Der Rückschläger schlägt einen Drive (AB) oder einen Angriffslob (AC) zurück. Wenn der Aufschlag auf seine Rückhand kommt, schlägt er einen Drive DE (oder Lob DC, nicht gezeichnet). Der Netzspieler des Aufschlägers ist zu nahe am Netz und an der Seitenlinie, um seinem Partner bei einem der vier Aufschläge helfen zu können. Im Gegensatz dazu ist der Netzspieler des Rückschlägers zum Abfangen gut plaziert – und er will es auch tun. Es ist, als ob zwei gegen einen spielen würden.

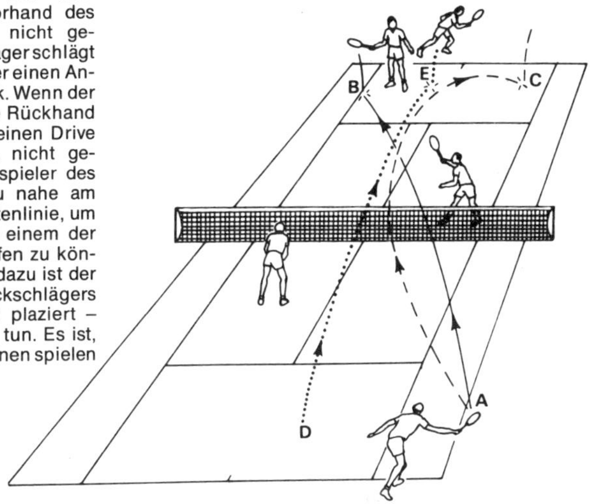

Spielfeld-Seiten

Sie sollten sich in beiden Spielfeldern, sowohl im rechten als auch im linken, wie zu Hause fühlen. Das ermöglicht Ihnen, mit einer Reihe von Partnern zu harmonieren. Spielen Sie aber einmal regelmäßig mit dem gleichen Partner, dann sollte jeder von Ihnen eine Seite auswählen und dabei bleiben. Auf diese Weise können Sie eine bessere Kombination entwickeln, als dies bei einem ständigen Wechsel möglich wäre. Hier sind ein paar Richtlinien zur Spielfeldwahl.

Der bessere Vorhandspieler sollte im rechten, der bessere Rückhandspieler im linken Spielfeld stehen. Bilden Sie sich nicht ein, Sie müßten Ihre ganzen Kräfte der Mitte zuwenden, nur weil Ihr Gegner vielleicht die meisten Schläge in diese Richtung bringt. Der ausschlaggebende Faktor ist der Aufschlag-Return. Der Aufschläger der Gegenseite kann äußerst leicht die Außenflügel beider Rückschläger erreichen. Konzentrieren die Rückschläger jeweils ihre starke Seite in der Mitte, dann kann er einen großen Teil seiner ersten Aufschläge auf ihre schwächere Seite in das Aufschlagfeld bringen.

Beherrscht ein Spieler sowohl Vorhand als auch Rückhand besser als sein Partner, dann ist das gewöhnlich der stärkere Spieler und sollte sich im linken Spielfeld aufstellen. Auf dieser Seite kann er einen

größeren Teil des Spielfeldes decken und mehr aus dem Spiel machen.
Zwei Partner haben eine recht vernünftige Vor- und Rückhand, aber der eine hat sich auf Drive und der andere auf Flugball spezialisiert. Der Flugballspieler sollte im linken Spielfeld spielen. Von da aus kann er besser abfangen und mehr Überkopfbälle nehmen.
Ein Linkshänder sollte im linken Spielfeld spielen. Die Schwierigkeit ist nur, daß sich daraus eine doppelte Rückhand in der Mitte ergibt – und das ist eine Schwachstelle.
Das stimmt zwar, aber dieses Paar ist schlechter dran, wenn es seine Rückhand auf die Außenseite plaziert. Dann haben nämlich beide Rückschläger ihre Rückhand dem gegnerischen Diagonal-Aufschlag ausgesetzt. Der Aufschläger bekommt dadurch von Anfang an mehr Selbstvertrauen, was ihn mit Sicherheit besser als üblich aufschlagen läßt. Außerdem müßten beide Rückschläger beim Ballwechsel nach dem Aufschlag und Aufschlag-Return (wie in Abb. 9, Seite 30) meistens Rückhand spielen. Man könnte es ein Rückhand-Spiel nennen, wenn der Linkshänder im rechten und sein rechtshändiger Partner im linken Feld spielt.
Das kann gerade noch angehen, wenn beide Partner wesentlich beständiger in ihrer Rückhand als in ihrer Vorhand sind. Aber sie würden bestenfalls ein Verteidigungspaar abgeben.
Ein Linkshänder mit sehr guter Vorhand sollte immer im linken Feld spielen. Wie wir bei früheren Darstellungen schon gesehen haben, kann er das Spiel beherrschen.
Abb. 15 ist eine bildliche Zusammenfassung. Es gibt dabei mehr scheinbare als wirkliche Ausnahmen. Zwei linkshändige Partner können zum Beispiel nach dem Muster zweier Rechtshänder spielen. Aber was geschieht, wenn ein Rechtshänder eine starke Vorhand hat, Flugball und Überkopfball beherrscht? Soll er nun im rechten Spielfeld spielen, um voll seine Vorhand, oder im linken Spielfeld, um seine Netzdeckung auszuspielen.
Hat er eine vernünftige Rückhand, ist er wahrscheinlich der stärkere Spieler der beiden Partner und sollte daher das linke Spielfeld einnehmen. Ist seine Rückhand einiges schlechter als seine Vorhand, ist er wahrscheinlich gewöhnt, um den Ball herumzugehen, um ihn auf die Vorhand zu bekommen. In diesem Fall sollte er im linken Spielfeld bleiben. Ist seine Rückhand leicht angreifbar, muß er wohl in das rechte Spielfeld gehen. Das bedeutet, daß seine Überkopfball-Deckung der Mitte dabei verlorengeht und die Wirksamkeit des Flugballes bis zu einem gewissen Maß auch eingeschränkt ist. Diese Punkte sind jedoch nicht so wichtig wie die Fähigkeiten zum Aufschlag-Return.

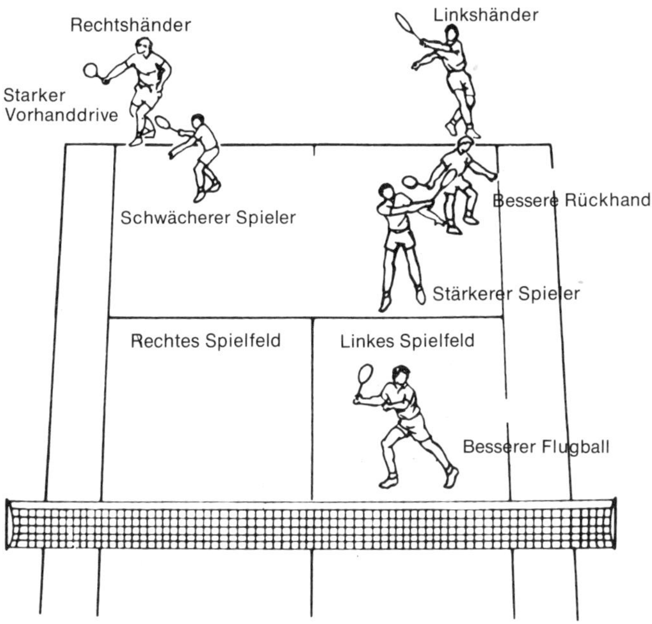

Abb. 15. Der richtige Mann am richtigen Platz.

Das Damen- und das Gemischte Doppel

Das Kriterium für die Seitenwahl bei Männern läßt sich auch im Damen-Doppel anwenden. Siehe nochmals Abb. 15.

Im Gemischten Doppel ist die größere Einflußnahme des stärkeren Spielers ausschlaggebend. Gewöhnlich bedeutet das, daß der Mann im linken Spielfeld spielen soll. Wir wollen, ohne weitere Worte darüber zu verlieren, akzeptieren, was über Jahre hinweg für richtig befunden wurde, nämlich daß ein Mann, der das rechte Spielfeld einnimmt, sich weitgehend selbst aus dem Spiel ausschaltet. Was die Dame im linken Spielfeld betrifft, so wird höchstwahrscheinlich ihre Rückhand überbeansprucht sein. Ist ihre Rückhand zufällig ihr besserer Schlag, dann ist sie es eher in bezug auf Beständigkeit und nicht aufgrund von Härte oder wirklicher Kraft. Es ist daher unwahrscheinlich, daß sie dem gegnerischen Spieler den Aufschlag abnimmt, und beim Aufschlag der Dame wird sie damit konfrontiert, den Ball vor einem räuberischen Netzspieler cross spielen zu müssen. Man kann

also fast immer davon ausgehen, daß beim Gemischten Doppel die Damen rechts und die Herren links stehen.
Bei einer linkshändigen Spielerin wird es schwierig. Kann sie im rechten Spielfeld spielen, so soll sie das tun. Nicht weil sie da besser spielen würde. Aber da der Herr im linken Spielfeld eine größere Wirkung erzielen kann als im rechten, ergeben sie zusammen ein stärkeres Paar. Um in der Lage zu sein, in das rechte Spielfeld zu spielen, muß sie eine Linkshänderin mit einer geraden Vorhand und einer festen Rückhand sein.
Entspricht sie mehr dem üblichen Linkshänder-Typ mit einer diagonalen Topspin-Vorhand und einer unterschnittenen Rückhand auf die Außenseite, dann wäre sie für das rechte Spielfeld so ungeeignet, daß die größere Wirkung des männlichen Spielers im linken Spielfeld dies nicht ausgleichen könnte. Ihre Rückhand könnte dann weder dem Aufschlag des gegnerischen Spielers standhalten noch den Ball außer Reichweite des Netzspielers bringen. In diesem Fall muß die Dame ihr gewohntes Spielfeld haben und der Herr das, was übrigbleibt.
Es ist auf keinen Fall alles verloren, aber beide müssen wissen, wie in dieser Aufstellung gespielt wird. Fangen wir damit an, daß beide ihre Vorhand auf der Außenseite haben. Damit werden die Aufgaben des gegnerischen Aufschlägers schwieriger. Nehmen wir an, daß der Herr zurückschlägt und nach vorne geht, was im Gemischten Doppel eigentlich die Standard-Angriffstaktik ist. Seine Partnerin kann gleich ihrer rechtshändigen „Schwester" am Netz oder im Rückfeld stehen. Steht sie hinten, wird der Return des Aufschlägers entlang der Linie auf sie gespielt, um den Spieler, der seinem Ball an das Netz gefolgt ist, zu meiden. Meistens kommt der Return jedoch auf ihre linkshändige Vorhand, die wahrscheinlich ihre stärkste Seite ist. Steht sie am Netz und ihr Partner hat einen starken Vorhand-Return weit nach außen gebracht, ist sie durch einen Lob nicht unbedingt gefährdet, denn er wird wieder auf ihre Vorhandseite kommen, mit der sie eine höhere Reichweite hat. Um ihre Abdeckungsmöglichkeiten hierbei zu erweitern, sollte sie nicht näher am Netz stehen als halbwegs zwischen Aufschlaglinie und Netz. Wenn sie überlobbt wird, muß sie sich immer gegenwärtig sein, daß der Ball auf die Rückhandseite ihres Partners kommt, wo dessen Lob-Deckung begrenzt ist.
Auf der Sollseite steht, daß der Aufschlagrückschlag des Herrn, dem er nach vorne folgt, meistens auf die Vorhand des Aufschlägers kommt. Das ist nicht so wirkungsvoll wie ein Angriff auf die Rückhand vom linken Spielfeld aus. Der ständige Vorteil eines Spielers im Gemischten Doppel liegt wahrscheinlich darin, daß er den zweiten Aufschlag einer

Dame lang in ihre Rückhandecke zurückschlägt, dann nach vorne stürmt, das Netz einnimmt und ihren Return entweder als einen gewinnbringenden Flug- oder als einen Schmetterball zurückbringt. Er verliert diesen Vorteil, wenn er mit einer linkshändigen Dame spielt. Ihre Returns, die auf die Rückhand des Aufschlägers gehen, sind dafür eine Entschädigung.
Ebenfalls steht auf der Sollseite der Umstand, daß der Mann seinen Überkopfball nicht frei anwenden kann. Darüber muß er sich im klaren sein. Wann immer auch ein Lob hochgeht, sollte er nach links gehen und versuchen, seinen Vorhand-Schmetterball in das Spiel zu bringen, um nicht nur zu einem hohen Rückhand-Flugball gezwungen zu sein. Natürlich würde er einen Rückhand-Schmetterball anwenden, wenn er ihn könnte, aber nur wenige beherrschen ihn, und keiner ist mit einem Vorhand-Schmetterball zu vergleichen.
Aus den vorangegangenen Beispielen dürfte wohl klar hervorgehen, welches der meistbestrafte Spieler-Typ im rechten Spielfeld ist. Das ist der Spieler, der im Herren-Doppel immer im linken Spielfeld spielt, sich dort hauptsächlich auf schnelle Returns auf die Rückhand verläßt, zum Netzspiel nach vorne aufrückt und mit seinem Überkopfball auf seiner Seite die Hauptstütze ist. Doch der Spieler, der im Herren-Doppel immer im rechten Spielfeld spielt, eine starke Vorhand hat und sowieso lieber Drive als Flugball spielt – nun, dieser Mann möchte gerne sein rechtes Spielfeld behalten und vorzugsweise eine linkshändige Partnerin haben, die vom linken Spielfeld aus ihre diagonale Vorhand peitscht.
Tennis hat seine Grenzen, sonst wären wir alle perfekt. Doch glücklicherweise gibt es anscheinend auf jede Frage eine passende Antwort. Wie wäre es beispielsweise mit zwei Linkshändern, beide mit einer diagonalen Vorhand und Außenseite-Rückhand? Taktisch gesehen eine Katastrophe. In diesem Fall sollte aus Ritterlichkeit der Dame ihr bevorzugtes linkes Spielfeld überlassen werden.

Der Aufschlag-Return

Das Gemischte Doppel hat seine Kniffe, im übrigen aber sollten Sie den Aufschlag-Return als harte Nuß im Rückschlägerspiel betrachten. Da er der erste Schlag ist, muß er in das Spiel kommen, wenn es weitergehen soll. Außerdem umfaßt er eine Reihe von Schlagarten: Drive, geschnittener Ball, Lob und manchmal sogar Stopball, Vor- und Rückhand. Das Problem dabei ist aber, daß jeder gegen einen Aufschlag zu

spielen ist. Die meisten Leute erkennen das nicht und üben daher auch ihre Schläge nicht als Aufschlag-Returns.
Beim Ballwechsel mit einem Einzelgegner üben Sie Ihre Schläge, aber nie Ihren Doppel-Aufschlag-Return als solchen.
Am besten üben Sie zu dritt, „zwei gegen einen", ohne Partnerwechsel, bis der Satz zu Ende ist. Die drei Spieler schlagen der Reihe nach auf, mit einem Doppelpartner beginnend; als nächster schlägt der Einzelspieler auf, dann der andere Doppelpartner, danach wieder der erste Doppelpartner. Zwei Drittel des Satzes stehen dem Einzelspieler zur Übung des Doppel-Aufschlag-Returns zur Verfügung. Er hat kaum Chancen, mehr als ein oder zwei Spiele – wenn überhaupt eines – zu gewinnen. Dafür ist dies ein gutes, solides Training.
Abb. 14 zeigt vier Arten des Aufschlag-Returns. Zu dieser Auswahl von Möglichkeiten, jedoch nur auf die Vorhand vom rechten Spielfeld beschränkt, siehe bitte Abb. 16.

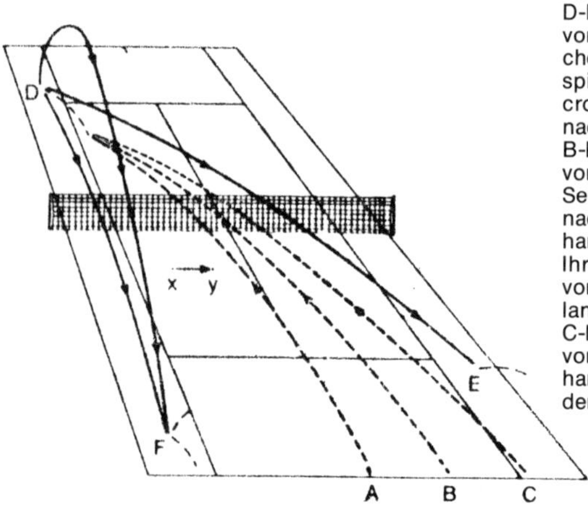

Abb. 16. Aufschlag-Returns A-D-E: Der Aufschläger schlägt von der Nähe des Mittelzeichens A auf Ihre Vorhand D. Sie spielen einen kurzen Topspin cross weit von ihm entfernt nach E zurück.
B-D-F: Der Aufschläger schlägt von B aus in der Mitte, zwischen Seitenlinie und Mittelzeichen, nach D auf, wieder auf Ihre Vorhand bei D. Der Netzspieler will Ihren Return abfangen und geht von x nach y. Sie passieren entlang der Seitenlinie nach F.
C-D-F: Der Aufschläger schlägt von C nach außen auf Ihre Vorhand D auf. Sie lobben über den Netzspieler nach F.

Schläge in Abb. 16

Cross-Schlag D-E. Ist der Aufschlag A-D weich, langsam und springt er hoch, dann ist für D-E der leichteste Schlag ein nach unten gezogener Slice. Ziehen Sie den Drive-Schlag vor, dann sollte er einen starken Vorwärtsdrall (Topspin) haben, so daß der Ball, trotz des scharf gespielten Winkels, innerhalb des Spielfeldes landet.

Passier-Schlag D-F. Das ist einfach, wenn der Netzspieler zu früh wegrückt. „Zu früh“ bedeutet, das Gefühl zu haben, über ausreichend Zeit für Ihren Schlag entlang der Linie zu verfügen, im Unterschied zum Richtungswechsel im letzten Augenblick. Jede Schlagart ist recht – Hauptsache, der Ball geht über das Netz und trifft innerhalb der Grundlinie und nicht im Unendlichen auf. Einen Passierschlag zu versuchen, wenn der Netzspieler sein Wegrücken so lange verzögert, bis Sie schon fast Ihren Return schlagen müssen, ist ein anderes Paar Stiefel. Sie sehen, wie er wegrückt (das können Sie nicht übersehen!), und wissen, daß er Ihren Schlag abfängt. Hoffen ist hier zwecklos, ist es auch unsere natürliche Reaktion. Sie müssen Ihren Schlag ändern. Sie können froh sein, wenn Sie das schaffen, denn nur wenig Leute verfügen in der Tat über ein so schnelles Reaktionsvermögen, um ihren Schlag ganz unterschiedlich zu ändern. Die meisten erfahrenen Spieler verlassen sich auf einen einzigen „Katastrophenplan“, wenn sie in letzter Sekunde eine Änderung vornehmen müssen. Hier sind vier Vorschläge:

- Führen Sie Ihren Schlag wie geplant aus, aber viel härter, als Sie es ursprünglich beabsichtigt haben. Der Netzspieler wird direkt hineinlaufen.
- Versuchen Sie Ihren Schlag in einem viel weiteren Winkel und mit starkem Topspin zu schlagen. Der Netzspieler wird ihn nur mit dem Schlägerende erwischen.
- Schieben Sie Ihr Handgelenk nach vorne, damit der Ball auf Ihrer Außenseite als Passierschlag entlang der Seitenlinie des Netzspielers geht. Sie machen zwar dadurch einen Punkt, sehen es aber vielleicht auch als schwierigste Aufgabe an.
- Drehen Sie Ihre Schlägerseite im letzten Moment nach oben, damit aus Ihrem Return eine Art Lob entsteht. Vielleicht ist der Lob nicht gut, Sie haben hiermit aber weitaus mehr Chancen, dem Abfangen durch den Netzspieler zu entgehen als mit Ihrem ursprünglichen Schlag; mit dem hätten Sie nämlich keine Chancen gehabt.

Lob D-F. Halten Sie Ihren Schläger fest und machen Sie einen positiven Lob. Lassen Sie sich nie zu einem unsicheren Lob, in der Art „vielleicht probier ich's mal“ verleiten. Streben Sie eine vernünftige Länge an, zumal Lobs die unglückliche Gewohnheit haben, kürzer als gewollt zu kommen und somit für den Netzspieler zum Kanonenfutter werden. Versuchen Sie nie, den Ball nur gerade noch so über den Kopf des Netzspielers zu schaufeln, mit dem Gedanken, daß er so sicher im Spielfeld landen würde. Ein solcher Schaufelschlag kommt mit Sicherheit viel kürzer als ein Lob – er ist schon fast Kanonenfutter, bevor Sie ihn bringen. Unter Beachtung dieser Warnungen ist ein Vorhandlob vom rechten Spielfeld über den Netzspieler nicht schwierig. Der Ball geht über seine Rückhandseite, wo er ihn fast nicht erreichen kann. Das ist ein Schlag, den Sie oft verwenden können. Betrachten Sie ihn als Angriffsschlag.

So viel zur Vorhand. Kommt der Aufschlag aber entlang der Mittellinie, sehen Sie im Netzspieler möglicherweise eine größere Bedrohung. Es ist wahr, er kann zwar mehr zur Mitte rücken, ohne seine Seitenlinie zu stark zu exponieren, aber andererseits haben Sie eine Position, in der Sie unbehindert vom Netzspieler zumindest anfangen können, Ihre Rückhand zu spielen. Sie müssen den Ball nicht quer vor seinem Körper schlagen, um ihn zu umspielen.

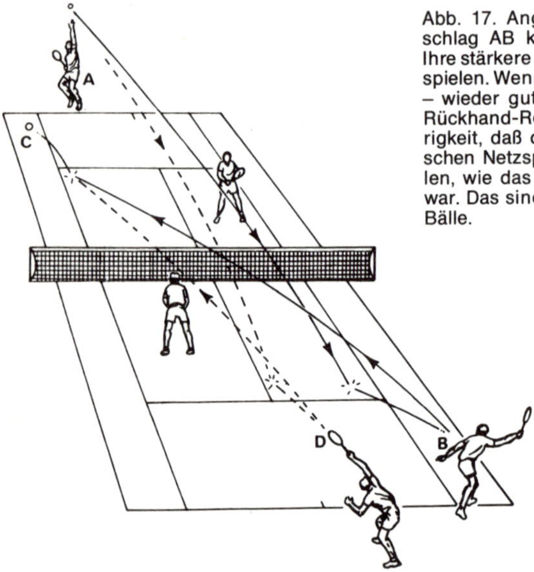

Abb. 17. Angenehme Bälle: Der Aufschlag AB kommt auf Ihre Vorhand, Ihre stärkere Seite. Gut, Sie werden BC spielen. Wenn der Aufschlag AD kommt – wieder gut, denn Sie können Ihren Rückhand-Return DC ohne die Schwierigkeit, daß der Ball vor dem gegnerischen Netzspieler kreuzen muß, spielen, wie das beim Schlag BC der Fall war. Das sind für Sie die angenehmen Bälle.

Aufschlag-Return im linken Spielfeld – Gute Rückhand und schlechte Vorhand

Haben Sie eine gute Rückhand und eine schlechte Vorhand, dann stellen Sie sich nicht so auffallend weit von der Einzelseitenlinie entfernt auf, daß es der Aufschläger erkennt. Auch wenn Sie einige starke Aufschlag-Returns mit Ihrer Rückhand bringen, glauben doch die meisten

Aufschläger, daß Ihre Vorhand stärker ist, und werden sie deshalb meiden. Von der linken Seite aufgeschlagen, kommt der Ball in diagonaler Richtung auf Ihre Rückhand. So können Sie mehr oder weniger unaufdringlich eine Rückhand nach der anderen spielen. Ab und zu macht der Aufschläger den Versuch, einen ersten Aufschlag in die Mitte zu spielen. Damit beabsichtigt er aber, Sie mit einem As zu schlagen oder zu einem Fehler zu zwingen – und nicht, Ihre Vorhand zu testen. Glücklicherweise gehen diese schnellen und vereinzelten Aufschläge selten in das Aufschlagfeld, da nur wenige Aufschläger sie geübt haben.
Kommt doch einer, dann zeigen Sie ja nicht Ihre Vorhandschwäche durch einen schwachen oder wilden, unkoordinierten Schlag. Wenn Sie sich nicht gerade gegen einen sehr starken Aufschlag verteidigen müssen, dann sollten Sie auch nicht lobben. Sogar das könnte den Aufschläger auf Ihre verdächtige Vorhand aufmerksam machen. Bewegen Sie sich statt dessen so auf den Ball zu, als ob Sie sagen wollten „endlich eine Vorhand!", und spielen Sie einen festen Schlag. Kommt er, ist es recht und gut. Wenn nicht, dann hat es sich gelohnt, den Punkt für einen gelungenen Bluff zu opfern, der den Aufschläger zu seinem vermeintlich sicheren Muster – seinem Aufschlag auf Ihre Rückhand zurückkehren läßt. Das Verräterische ist, eine schwache und zögernde Beinarbeit an den Tag zu legen. Tun Sie das, ist das Spiel verloren!
Würde der Aufschläger Ihre Vorhand mit einem zweiten Aufschlag entlang der Mittellinie auf die Probe stellen, dann wäre sie gnadenlos ausgeliefert. Er würde sofort sehen, daß der Schlag nicht stark ist und daß deshalb Ihre Rückhand Ihr bevorzugter Aufschlag-Return ist. Nun, das wird wohl nie geschehen, da Aufschläger den zweiten Ball ungern in die Mitte des linken Spielfeldes aufschlagen. Dazu besteht doppelter Grund: Einmal befürchten sie, dem Rückschläger eine leichte Vorhand zu geben, und zum andern wollen sie einen Doppelfehler vermeiden, da sie nicht gewohnt sind, diesen Ball aufzuschlagen. Das ist Ihr Glück!
Mit all diesen für Sie arbeitenden Vorteilen wären Sie ein schlechter Taktiker, wenn Sie schon zu Beginn die Karten aufdeckten, indem Sie sich in der Nähe der Mitte aufstellten, um Ihre Vorhand zu decken. Ihr gegnerischer Aufschläger hat ja keine Ahnung von Ihrer schwachen Vorhand. Hat er einmal erkannt, daß es Ihre schwächste Seite ist, wird er viel besser entlang der Mittellinie aufschlagen, denn es ist ihm jetzt klargeworden, daß seine Aufschläge weder ein Experiment noch riskant sind. Es klingt zwar seltsam, aber nichts verbessert einen Schlag mehr, als wenn er ganz bewußt geschlagen wird.

Taktiken sind zwar gut und schön, aber um sie zu verwirklichen, ist mindestens eine gute Vorhand erforderlich. Gehen Sie beim Trainieren immer zu den Grundlagen zurück: Schauen Sie den Ball auf seinem ganzen Weg an, dadurch kommt er Ihnen langsamer vor; bewegen Sie sich geschmeidig, koordiniert und nicht hastig und ungeschickt; halten Sie ihr Handgelenk angespannt; schlagen Sie kräftig und führen Sie den Ball durch möglichst langen Kontakt mit der Bespannung des Schlägers. Bauen Sie darauf wieder auf.

Linkes Spielfeld – starke Vorhand

Machen Sie kein Geheimnis daraus. Zeigen Sie sie wie ein Kampfzeichen. Stellen Sie sich ziemlich nahe der Seitenlinie auf. Es kommen nicht ständig Asse! Beabsichtigte Mittellinien-Asse sind nicht leicht in das Aufschlagfeld zu bringen. Sie werden in jedem Fall von der linken Seite aus aufgeschlagen und können nicht so weit von Ihrer Vorhandseite wegkurven, wie die Asse, die auf Ihre Vorhandseite im rechten Spielfeld geschlagen werden. Es kann sein, daß sie – vom Mittelzeichen aus aufgeschlagen – ziemlich kurven. Aber würden Sie das riskieren, wenn Sie Ihren Aufschlag auf einen starken Vorhand-Spieler im linken Spielfeld bringen müßten? Nutzen Sie Ihre starke Vorhand voll aus. Stehen Sie nicht nur weit außen, um den Aufschlag anzunehmen, sondern gehen Sie, wann immer Sie können, um jeden Ball herum und spielen Sie ihn als Vorhand mit Seitendrall weit auf die Rückhand des Aufschlägers.
Erschweren Sie es dem Aufschläger, mit seinem zweiten Aufschlag Ihre Rückhand zu finden. Schafft er es schließlich, wird sein Aufschlag so weit nach außen und so kurz kommen, daß Sie ihn zurückwinkeln können. Hat er nun gemerkt, daß es ihm nicht gut bekam, als er endlich Ihre Rückhand erreichte, dann haben Sie mit Sicherheit die Oberhand gewonnen.

Linkes Spielfeld – ausgeglichene Stärke

Die Taktik, über den Netzspieler zu lobben, verspricht hier nicht so viel wie vom rechten Spielfeld aus. Die Hauptschwierigkeit liegt darin, daß der Netzspieler mit seinem Vorhand-Überkopfball eine höhere Reichweite hat und auf dieser Seite viel eher dazu geneigt ist, nach dem Ball hochzuspringen, als auf die andere Seite überzuwechseln. Bringen Sie

den Ball mit Erfolg über seinen Kopf, dann hat sein Partner vielleicht genug Zeit, einen Halb-Schmetterball daraus zu machen und Sie damit in die Defensive zu drängen.
Ihre Driveschläge, die meist wirksamer sind als jene Ihres Partners im rechten Spielfeld, gleichen das bei weitem wieder aus.
Weil man häufiger Rückhand spielen muß, ist es am Anfang einer Spielerkarriere schwieriger, auf der linken Seite zu spielen. Ist Ihre Rückhand jedoch einmal ausgebildet, dann kommen Sie auch besser im linken Spielfeld zurecht, und es wird – wie bei den meisten Spielern – Ihre bevorzugte Seite. Eine Cross-Rückhand ist natürlicher als eine Rückhand auf die Außenseite. Eine gerade Vorhand oder eine Vorhand entlang der Linie wird von den meisten Rechtshändern bevorzugt – sie ist durch das ständige Angreifen der Rückhand anderer Rechtshänder im Einzel gut eingeübt.

Treibschläge und geschnittene Schläge am steigenden Ball

Sie kennen den Vorteil, einen noch steigenden Ball zu spielen. Sie können ihn schneller zurückschlagen, dabei oft Ihren Gegner zu einem übereilten Schlag zwingen oder ihn sogar stehenlassen. Das Problem ist nur, daß Sie sich oft selbst zu einem Fehler drängen, anstatt Ihren Gegner zu bedrängen.
In der Aufstellung „ein Spieler vorne, ein Spieler hinten" sollte sich ein durchschnittlicher Spieler auf den fallenden Ball, als Basis seiner Aufschlag-Returns, einstellen. Wenn es die Umstände erfordern, kann er einen steigenden Ball im nachfolgenden Ballwechsel spielen, wenn sich sein Auge darauf eingestellt hat. Auf diese Weise kommt ein Schuß auf einen steigenden Ball viel natürlicher zustande.
Hier ein Beispiel: Sie spielen ein Match im rechten Spielfeld, erstes Spiel, erster Punkt. Der Aufschläger verfehlt seinen ersten Aufschlag, der zweite kommt – langsamer als sonst – auf Ihre Vorhand. Sie fühlen sich ziemlich unsicher, beobachten den Ball aber auf seinem ganzen Weg, lassen ihn etwas fallen, dann schlagen Sie ihn mit einem lang geführten Drive sicher über das Netz. (Es hat keine Eile. Das Aufschlägerpaar spielt ja in der Aufstellung „ein Spieler vorne, ein Spieler hinten", deshalb ist kaum zu befürchten, daß sich der Aufschläger gleich vor dem Netz aufbaut, solange Sie sich für Ihren Return etwas extra Zeit nehmen.)
Der Aufschläger bringt den Ball. Sie beobachten, wie er aufkommt, und schlagen ihn mit einem Drive, aber etwas härter, zurück.

Sie und der Aufschläger wiederholen das – zu seinem Nachteil, denn sein letzter Schlag ist kurz und hoch. Sie kommen nach vorne und spielen den Ball im Steigen in der Nähe des Netzes mit einem kurzen Abwärtsschlag als Gewinnpunkt zwischen die beiden Spieler. Sie haben einen Blick und Gefühl für den Ball, Sie haben den Punkt gemacht und wahrscheinlich aufgehört zu zittern. Vergleichen Sie dies mit dem Konzept „steigende Bälle um jeden Preis". Denselben langsamen zweiten Aufschlag können Sie so zurückspielen, daß der Aufschläger zu einem überstürzten Schlag gezwungen ist oder dem Ball nur noch nachschauen kann. Wenn Sie jedoch unsicher sind, werden Sie Ihren Schlag übereilen und zu früh schlagen, geradewegs in das Netz oder sauber über die Vorhand-Seitenlinie des Aufschlägers. Lange Ballführungszeit? Sie hatten keine Zeit, daran zu denken. Sie haben sich gedanklich genauso überstürzt, wie Sie den steigenden Ball überstürzt gespielt haben.
Sind Sie ein Spieler, der Bälle im Steigen natürlicher und ruhiger und mit größerer Sicherheit schlägt als im Fallen, dann haben Sie den besseren Teil erwischt. Viel Glück!
Ähnlich verhält es sich mit dem unterschnittenen Ball (Slice). Sie wissen, daß er gerade fliegt, sogar etwas in der Luft hängt, so daß er von Ihrem Gegner viel leichter als Flugball, statt als Drive, zu spielen ist. Kommt der Aufschläger jedoch nicht zum Netz, wird er weder einen leichten noch überhaupt einen Flugball spielen. Schneiden Sie darum in der Aufstellung „ein Spieler vorne, ein Spieler hinten" auf jeden Fall Ihren Aufschlag-Return, wenn Sie darin sicherer sind und Sicherheit der entscheidende Faktor ist. Denken Sie daran, daß Sie versuchen, ein Doppel-Match zu gewinnen – und nicht für ein kommendes Einzel-Match Ihre Vor- und Rückhanddrives üben oder sonstwas tun.

Der gegnerische Netzspieler

Sie werden einen nicht mitarbeitenden Netzspieler an seiner zu nahen Stellung am Netz erkennen. Nutzen Sie den Spielraum, den er Ihnen gewährt, ob im rechten oder linken Spielfeld, voll aus. Zusätzlich zu Ihren normalen Returns auf den Aufschläger (ob tief, nach außen oder sonstwie), können Sie vom rechten Spielfeld aus diesen Netzspieler-Typ fast auf Wunsch überlobben. Sie können ihn auch überlobben, wann immer Sie in die Defensive gezwungen sind. Sie können ihn vom linken Spielfeld aus nicht so leicht überspielen, aber von dieser Seite aus können Sie einige Male Ihr Repertoire durch einen Stopball er-

weitern. Er muß natürlich auf einen schwachen Aufschlag kommen, aber kein Spieler, der ganz dicht beim Netz steht, denkt je daran, über den Platz zu jagen, um mit seiner Rückhand seinen Partner zu retten.
Beachten Sie, daß Sie und Ihr Partner praktisch zu zweit gegen einen (den Aufschläger) spielen, und Sie können darauf gehen, daß Sie alle Aufschlagspiele gewinnen, in denen ein schwacher Netzspieler mitspielt.

Energischer Netzspieler

Stellen Sie sich auf ihn ein. Nehmen Sie sofort seine Herausforderung an, sobald er seinen ersten forschen Coup auf Kosten Ihres Aufschlag-Returns gemacht hat. Tun Sie es nicht, wird er Sie das ganze Spiel über unangenehm im Griff haben.
Hier ist eine Situation – Sie werden sich vielleicht schmerzlich an ähnliche erinnern –, in die jeder ohne weiteres mal kommen kann. Sie spielen im rechten Spielfeld, nehmen den ersten Aufschlag des Satzes an und spielen in sicherem Abstand über das Netz, in Richtung des Aufschlägers. Der Netzspieler errät, daß Sie ihn nicht auf der Seitenlinie passieren wollen, er springt also hinüber und schlägt einen tödlichen Flugball zwischen Sie und Ihren „ein Spieler vorne"-Netzpartner. Es steht eins zu null für ihn. Der nächste Aufschlag kommt auf Ihre Vorhand, und Sie versuchen unklugerweise, den Gegner entlang der Seitenlinie zu passieren. Zu offensichtlich; er wartet schon darauf – und wieder knallt er einen tödlichen Rückhandflugball zwischen Sie und Ihren Partner. Wahrscheinlich verlieren Sie das Spiel. Drei Spiele später steht er Ihnen wieder gegenüber, diesmal scheinbar ruhig. Sie fangen mit einem diagonalen Vorhand-Return an, da fegt er über den Platz. Sie versuchen, den Ball von ihm fernzuhalten – mit dem Erfolg, daß Sie ihn über die Vorhand-Seitenlinie des Aufschlägers geschlagen haben. Dieser Netz-Tiger hat Sie aus dem Spiel geworfen. Drei Spiele ist er vorne.
Sie glauben, Sie könnten es mit einem Lob versuchen. Sie *glauben,* Sie könnten! Es ist ein schwacher Lob, wie kann es anders sein! Er schmettert ihn nicht nur, er knallt ihn geradezu herüber. Es ist schon demütigend genug, wenn er den Ball so hineindonnert, daß er über den hinteren Zaun springt, noch schlimmer ist es, wenn er Sie trifft. Machen wir Schluß damit und überlegen wir, welche Taktiken Sie in Zukunft befolgen sollten.
Solange Sie sich vorbereiten, Ihren ersten Ball des Satzes zu spielen,

beobachten Sie, ob der Netzspieler eine günstige Stellung zum Abfangen der Bälle bezieht. Tut er das, sind Sie vorgewarnt und spielen Ihre Bälle in sicherem Abstand zu ihm. Bekommen Sie den Aufschlag auf Ihre Rückhand, dann fangen Sie mit einem Ball an, der außer seiner Reichweite ist – siehe nochmals Abb. 17. Sie dürften kaum Schwierigkeiten haben, den Ball von ihm fernzuhalten. Kommt der Aufschlag auf Ihre Vorhand, seien Sie bereit, ihn cross zurückzuschlagen. Er wird außer der Reichweite des Netzspielers sein. Er ist keine drei Meter groß, nicht größer als Sie am Netz, wenn Sie versuchen, einen diagonalen Drive zu erreichen. Ist der Aufschlag weit nach außen, dann muß der Netzspieler auf seinem Platz bleiben oder Ihnen eine weit offene Seitenlinie präsentieren. Begeht er den Fehler und versucht den Ball abzufangen, können Sie ihn bequem an der Seitenlinie passieren. Dann haben Sie und nicht er in dieser Konfrontation einen Punkt voraus.
Der Aufschlag, auf den hin ein wachsamer Netzspieler höchstwahrscheinlich seinen Anfangs-Coup landen wird, ist ein erster Aufschlag, lang in Ihre Vorhandecke. Erstens gibt ihm der lange Ball genügend Zeit zum Abfangen. Zweitens exponiert er seine Seitenlinie bei diesem Aufschlag nicht so stark, wie bei einem kurzen, weit nach außen gehenden Aufschlag. Sieht er, daß Sie darauf zielen, dann hat er mehr Zeit, dorthin zurückzulaufen, weil der Ball lang ist. Drittens ist ein langer Aufschlag in Ihre Vorhandecke nicht immer leicht als diagonaler Drive außer Reichweite des Netzspielers zu schlagen – und sicher innerhalb der Seitenlinie des Aufschlägers zu halten.
Der beste Schlag ist daher ein Lob über die Rückhandseite des Netzspielers, es sei denn, Sie können gut hinter den langen Aufschlag in Ihrer Vorhandecke kommen, vollkommen Herr der Situation, und einen Drive sicher außer seiner Reichweite spielen.
Gegen einen drohenden Netzspieler müssen Sie darauf *vorbereitet* sein, den ersten Ball, den Sie erhalten, hart und lang zu spielen, da dieser erste Ball ein schneller Aufschlag in Ihre Vorhandecke sein kann. Halten Sie ihn für einen Angriffsschlag, nehmen Sie ihn bereitwilliger als Vollmitglied in Ihrer Aufschlag-Return-Familie auf (Abb. 18).
Die Anwendung dieser Taktiken in der am Anfang dieses Abschnittes beschriebenen Situation zeigt Ihnen, wie man sich einem energischen Netzspieler gegenüber benimmt, der Ihren ersten Aufschlag-Return tötet und davon noch mehr haben möchte. Versuchen Sie nicht, ihn beim nächsten Aufschlag auf Ihre Vorhand zu passieren, sondern überlobben Sie ihn. Das ist das letzte, was er erwartet. Es wird nicht zwei zu null für ihn stehen. Bei jedem schwierigen Aufschlag über-

lobben Sie ihn. Und zwar gut, damit er keine Chance zu einem Schmetterball hat. Selbst wenn der Ball ins Aus geht, hat der Gegner den Punkt nicht sich selbst zu verdanken. Kommt der Aufschlag auf Ihre Rückhand, dann schlagen Sie ihn so weit wie möglich entfernt von ihm zurück, so daß er wieder nichts damit zu tun hat.
Bis jetzt hatten Sie noch keine Gelegenheit, sich selbst zu bestätigen. Aber in dem Augenblick, wo der Aufschläger einen kurzen, weichen Ball auf Ihre Vorhandseite bringt, schlagen Sie ihn hart und direkt auf

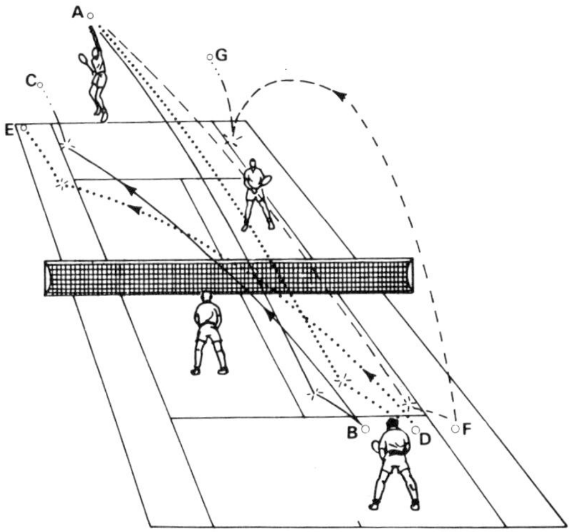

Abb. 18. Umspielen des abfangenden Netzspielers: Der Aufschlag AB kommt auf Ihre Rückhand, welche vom Netzspieler entfernt ist. Der Aufschlag AD kommt auf Ihre Vorhand. Der Netzspieler steht Ihnen gegenüber und kann zur Mitte gehen. Sie müssen vor ihm vorbeischlagen. Spielen Sie einen Kurz-Cross DE. AF ist ein harter Aufschlag, lang in Ihre Vorhandecke. Ein Lob FG über die Rückhand des Netzspielers ist der sicherste Weg, ihn zu meiden. Seien Sie bereit, diesen Schlag zu spielen. Manche Spieler betrachten den Lob als letzte Rettung, aber hier ist eine Situation, wo er der geeignete Schlag ist. Vergessen Sie nicht, daß dies ein „ein Spieler vorne, ein Spieler hinten"-Doppel ist, wo der Netzspieler eher dazu neigt, die Drives als die Lobs abzufangen.

den Netzspieler, nicht entlang dessen Seitenlinie, die er ohnehin wegen des weichen, kurzen Aufschlages nicht exponiert hat. Er stützt seinen Schläger mit der linken Hand, und der Rückhandflugball kommt fast wie von selbst. Zielen Sie auf seine rechte Hüfte, wo weder er noch sonst jemand einen Schlag spielen kann, ohne zuvor mit seinem Körper auszuweichen. Das ist kein gefährliches Spiel! Der Ball trifft ihn nicht, und er wird ihn auch nicht richtig treffen (Abb. 19).
Wie sieht es jetzt aus? Seit seinem Anfangsschlag war der angebliche aggressive Netzspieler nicht mehr in der Lage, „Hand an Sie zu legen". Sie haben über ihn, weit an ihm vorbei und fast durch ihn hindurch gespielt. Er spürt, daß Sie, wenn Sie auch nur eine halbe Chance erhalten,

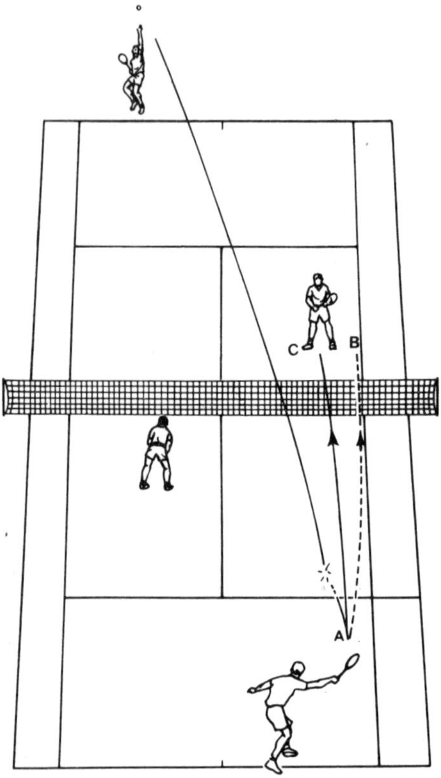

Abb. 19. Verteidigung: Spielen Sie nicht AB. Der Netzspieler hält sein Racket schon so mit der linken Hand, daß er auf einen Rückhand-Flugball vorbereitet ist. Seine schnellste Reaktion würde der Rückhand-Flugball sein. Spielen Sie besser AC als harten Schlag auf seine rechte Hüfte. Keiner kann solch einen Schuß annehmen, ohne sich vorher wegzudrehen. Sie werden den Netzspieler nicht treffen, aber er wird auch den Ball nicht treffen oder nur einen schwachen Verteidigungsschlag schaffen.

als nächstes entlang seiner Seitenlinie spielen werden. Es wird Zeit für ihn, sich einmal um seine eigene Spielfeldhälfte zu kümmern, vielleicht indem er versucht, einige Ihrer Lobs zu erreichen.
Kümmert er sich einmal um die Lobs, dann denkt er nicht mehr an das Abfangen der Bälle. Sie haben Ihr Werk vollbracht, wenn Sie anfangen, den Ball durch die Mitte zu schlagen und die Rückhand seines Partners zu durchbrechen, solange Ihr Netzspieler am Netz droht.
Fassen wir zusammen: Die richtige Taktik, wenn Sie auf einen aggressiven Netzspieler stoßen, ist, seine Herausforderung anzunehmen. Das bedeutet nicht, daß jeder Ball auf ihn geschlagen werden muß, sondern daß Sie sich auch um seine Platzseite kümmern und nicht nur versuchen, den Ball cross außer seiner Reichweite zu bringen. Vernachlässigen Sie nie, nicht einmal für einen Moment, Ihre Schläge. Im

rechten Spielfeld benötigen Sie eine gute Vorhand, um Ihre Taktiken durchsetzen zu können.

In der linken Spielfeldhälfte

Auf dieser Seite ist ein energischer Netzspieler selten so schnell, weil er nun die Bälle anstatt mit der Vorhand mit der Rückhand abfangen muß. Das ist weniger instinktiv und seine Reichweite ist dadurch kürzer. Seine Netzposition gegenüber Ihrer Rückhand bringt einen Ausgleich für seine geringere Kapazität. Ist er Linkshänder, dann ist Ihr Rückhand-Aufschlag-Return durch seine Vorhand bedroht.
In einer solchen Situation scheint ein dominierender Netzspieler Ihnen weit überlegen zu sein.
Trennen Sie sich von dem Gedanken, mit ihm nicht fertig zu werden, und nehmen Sie seine Herausforderung an, gleich ob er Rechts- oder Linkshänder ist. Haben Sie eine starke Vorhand, stellen Sie sich ziemlich nahe der Seitenlinie auf und nehmen so viel Aufschläge wie möglich mit Ihrer Vorhand – der Netzspieler hat kaum Gelegenheit, die Bälle abzufangen. Sie drohen immer mit einem Vorhand-Passierschlag entlang seiner Seitenlinie.
Stehen Sie weit draußen, in der Nähe der Seitenlinie, dann können Sie einen Aufschlag auf Ihre Rückhand als scharf gewinkelten Return außerhalb der Reichweite des Netzspielers zurückspielen. Es ist normalerweise leicht, in einem solchen Winkel zu schlagen, da die meisten Spieler ganz natürlich ihre Rückhand diagonal spielen. Gehören Sie nicht dazu, sondern ziehen Sie eher Ihre Rückhand nach der Außenseite, dann sollten Sie besser nicht im linken Spielfeld spielen.
Ist Ihre Rückhand der bessere Schlag, werden Sie, wie besprochen, die meisten Ihrer Aufschlag-Returns mit diesem Schlag spielen. Sie müssen am Netzspieler vorbei – und er will abfangen. Ist er Rechtshänder, müßten Sie in der Lage sein, diagonal außer Reichweite seines Rückhandflugballes zu spielen. Ist er Linkshänder, so können Sie über seine Rückhandseite lobben. Rechts- oder Linkshänder, er ist entschlossen zu rauben. Sie sollten, wenn ein erster schneller Aufschlag lang in Ihre Vorhandecke kommt, bereit sein, diesen als Lob zurückzubringen. Mit einem anwendungsfähigen Plan ist man Aufschlägern nicht so sehr ausgeliefert.
Nun haben Sie gesehen, wie schwierig es ist, einen wachsamen Netzspieler zu umspielen. Sollten Sie nicht auch einer davon sein, wenn Ihr Partner aufschlägt?

Vom Aufschlag-Return zum Netzspiel

Es wurde schon viel über die relativen Eigenschaften von Aufschlag, Flugball, Schmetterball und Aufschlag-Return im Doppel argumentiert. Ohne groß darüber zu debattieren, kann man sagen, daß das Paar mit dem besseren Aufschlag-Return gewöhnlich gewinnt. Zumindest können Sie in einem sicher sein: Wird der Aufschlag-Return Ihre Stärke, sind Sie vor dem Match keiner Nervenbelastung ausgesetzt – das überlassen Sie ruhig Ihrem Gegner. Vielleicht betrachten Sie es nächstes Mal als Glück im Unglück, wenn einer Ihres Trainingsquartetts nicht erscheint, und spielen einige Sätze zu dritt, also zwei gegen einen.

In Doppel niedriger Spielklassen ist der Aufschlag-Return nicht schwierig. Der Aufschlag ist langsam, landet in einem begrenzten Gebiet und ist ohne weiteres zu decken, selbst wenn Sie keine schnellen Beine haben. Der Aufschläger beschenkt Sie außerdem öfters mit einem Doppelfehler. Es werden fast genauso viele Aufschlagspiele verloren wie gewonnen, so daß es nicht viel ausmacht, wenn der Aufschlag abgenommen wird. Ab diesem Niveau überholt der Aufschläger den Rückschläger. Mit steigender Spielklasse gewinnt er einen steigenden Prozentsatz der Aufschlagspiele. Dominiert der Aufschläger dadurch, muß er auch in steigendem Maß darauf achten, seinen Aufschlag zu gewinnen, da er es sich nicht leisten kann, einen Aufschlag abzugeben. „Ein Spieler vorne, ein Spieler hinten"-Paare erreichen eventuell eine Spielstärke, bei der sie den Aufschlagspielverlust erst nehmen. Dann merken sie, daß zwei Spieler erforderlich sind, ein Aufschlagspiel zu gewinnen. Der Netzspieler beteiligt sich jetzt dementsprechend voll und ganz. Erreichen Sie die Spielstärke, in der Sie sich bemühen, jedes einzelne Aufschlagspiel bei einem immer besser werdenden Aufschlag-Return durchzubringen, dann neigen Sie dazu, lieber mit zwei Netzspielern zu spielen. Somit erreichen Sie, wenn Sie die Beweglichkeit und die Schläge dazu haben, das Stadium „Netzspiel-Aufstellung".

4. Netzspiel

Ein starker Spieler will mit einem schwächeren Spieler, den er vorher noch nicht als Partner hatte, ein Doppel-Match spielen.

Starker Spieler: „Gehst Du nach Deinem Aufschlag nach vorne?"
Schwächerer Spieler: „Ja,* immer."
St. Sp.: „Gut. Komm so weit, wie Du willst, nach vorne. Ich decke meine Lobs."
Schw. Sp.: „In Ordnung."
St. Sp.: „Einverstanden."

Mehr brauchen sie nicht zu besprechen. In den meisten Fällen sind sie von Anfang an eine vernünftige Kombination.

Es gibt viel zu erklären, aber es ist alles leicht verständlich. Haben Sie einmal den Sinn erfaßt, müssen Sie das Ganze nicht noch einmal analysieren. Eine kurze Absprache, wie bei den obigen Spielern, genügt völlig, wenn Sie mit einem neuen Partner spielen.

Der Deckungsbereich des Netzspielers

Schauen Sie auf Abb. 20 nach, welche Aufgabe auf Sie zukommt. Wenn Sie jetzt einen Schock bekommen, dann werden Sie ihn genauso schnell überwinden. Lassen Sie sich davon überzeugen.

Der Grund, warum ein Paar am Netz spielt, ist, eine undurchdringliche Barriere am Netz zu bilden und mit Flug- und Schmetterbällen Punkte zu machen. Um eine solche Barriere zu bilden, muß der Aufschläger seinem Aufschlag an das Netz folgen – ziemlich weit nach vorne –, damit er seinen ersten Flugball innerhalb der Aufschlaglinie schlagen kann. Sonst würde er unweigerlich niedrige Flugbälle und Halbflugbälle spielen und immer nach oben schlagen müssen. Das trägt wohl

* Da Damen im Durchschnitt kleiner als Männer sind und schwächere Handgelenke haben, brauchen sie länger, die notwendigen Schläge und die Schnelligkeit zur Deckung des Spielfeldes zu entwickeln, um erfolgreich Netzdoppel spielen zu können. Die Spielfeldgröße ist beim Damen- und beim Herrendoppel gleich groß, deshalb müssen sich Damen weiter nach den Flugbällen und höher nach den Lobs strecken. Nichtsdestoweniger sind diese Kapitel über das Netzspiel für Damen, die in Männerart Tennis spielen, geeignet. Lesen Sie bitte „Dame" anstatt „Herr" und „ihr" anstatt „sein", usw.

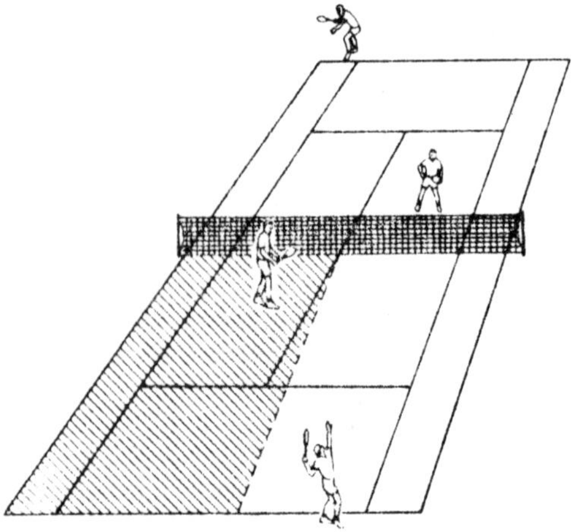

Abb. 20. Es heißt nicht umsonst Netzspieler: Bis der Aufschläger seinen ersten Flugball sicher gespielt hat und näher an das Netz aufgerückt ist, um eine Netzbarriere zu bilden, ist das schraffierte Gebiet der vom Netzspieler zu deckende Spielfeldteil. Selbst danach muß der Netzspieler noch etwa dieselbe Fläche mit seinem Vorhandflugball und Überkopfball gegen die Mitte hin decken, wenn der Aufschläger vom rechten Spielfeld aus aufschlägt.

kaum dazu bei, eine undurchdringliche Barriere zu bilden. Es ist klar, daß er schnell nach vorne muß. Soll er auch noch umkehren, um einem Lob über seinen Netzpartner nachzulaufen, dann kann er nie die Barriere-Position erreichen. Folglich müssen Sie (als Netzspieler) alle Lobs auf Ihre Spielfeldseite nehmen. Deshalb dehnt sich der schraffierte Bereich auf Abb. 20 vom Netz bis zur Grundlinie aus.

Lassen Sie sich nicht überlobben!

Werden Sie von einem Lob überrascht und geht er außer Ihrer Reichweite über Sie hinweg, müssen Sie – und nicht Ihr Partner – umkehren, um ihn zu holen. Da Sie ja mehr oder weniger stillstehen, haben Sie dazu eine bessere Ausgangsposition als er; er rückt nach vorne, und zwar schnell. Sie laufen zurück, nehmen den Lob nach dem Aufspringen und lobben ihn hoch zurück, um für Ihren Partner Zeit zu gewinnen, damit dieser zu Ihnen nach hinten laufen kann. Und Sie beide hoffen das Beste! Mit Ihrer beabsichtigten Netzbarriere ist es jedoch vorbei. Sie wurden überlobbt; in diesem Punkt haben Sie Ihre Seite im Stich gelassen.
Bei einem tiefen Lob müssen Sie schnell zurücklaufen, immer nach vorne schauend, hochspringen und mit vollem Schwung und voll ausgestreckt schmettern. Dann rücken Sie wieder nach vorne zu Ihrem Partner auf. Ihre Netzbarriere bleibt intakt.

Sie müssen nicht überlobbt werden. Die richtige Lob-Deckung wird erreicht, wenn Sie sich, wie in Abb. 20 gezeigt, etwa in der Mitte zwischen Netz und Aufschlaglinie aufstellen. Laufen Sie lieber schnell zurück, als sich zu weit vom Netz entfernt aufzustellen und somit dem Rückschläger die Möglichkeit zu bieten, Ihnen Aufschlag-Returns auf die Füße zu spielen.
Sind Sie groß und reagieren Sie schnell beim Zurücklaufen und gleichzeitigem Vorwärtsschauen oder neigen Ihre Gegner nicht zum Lobben, dann können Sie etwas näher am Netz stehen. Wo Sie stehen, ist Ihre eigene Angelegenheit – vorausgesetzt, daß Sie nicht ständig oder immer dann überlobbt werden, wenn Ihre Gegner einen wichtigen Punkt brauchen, und Sie den Aufschlag Ihres Partners verlieren.
Nun wissen Sie, was der „starke Spieler" damit meint, wenn er zu seinem Partner sagt: „Komm so weit, wie Du willst, nach vorne. Ich decke meine Lobs" (s. S. 61).

Einwände, bitte?

Gegen diese Schlüsse mögen Sie einwenden, daß Ihr Partner einen starken Aufschlag hat. Die Rückschläger können damit nicht tun, was sie wollen, zum Beispiel Sie mit einem langen Lob überspielen, wann immer sie Lust dazu haben. Sie meinen, Überabsicherung gegen lange Lobs, die selten kommen, bedeute eine weniger aggressive Netzposition für Flugbälle, weil Sie weiter als notwendig vom Netz entfernt sind. Sie würden statt dessen, wegen der besseren Gelegenheit, Flugbälle nach unten zu schlagen, früher und näher an das Netz gehen.
Nun, es wurde bereits gesagt, daß Sie stehen können, wo Sie wollen. Hat Ihr Partner einen dominierenden Aufschlag, wird er Sie fast überhaupt nicht brauchen und muß vielleicht nicht einmal hinter seinem Aufschlag an das Netz vorgehen. Muß er aber kämpfen, um seine Aufschlagspiele gegen die Rückschläger durchzubringen, die mit seinen Aufschlägen fertig werden und gute Aufschlag-Returns einschließlich Lobs spielen, dann ist es wichtig, daß Sie als Paar ein „Dach auf Ihrem Haus" haben. Eine Netzbarriere muß sowohl hoch als auch breit sein.

Das Abdecken der Mitte

Wenn wir von Breite sprechen, dann sind wir beim zweiten Punkt bezüglich des schraffierten Bereichs in Abb. 20. So gut, wie Sie sich

gegen Lobs schützen, sollten Sie, wenn Sie können, die Mitte abdecken. Der Grund dafür ist, daß es für Sie leichter ist, vom Netz aus, wo der Ball höher ist, einen Flugball zu spielen, als dies für Ihren vorlaufenden Partner wäre.
Für seinen ersten Flugball wird er nicht so nahe am Netz stehen wie Sie; er wird nicht neben Ihnen stehen, um eine Barriere zu bilden, die mehr oder weniger parallel zum Netz verläuft. Er wird einen niedrigeren und demzufolge auch einen schwierigeren Flugball oder vielleicht gar einen Halb-Flugball spielen müssen.
Es scheint Ihnen ein weiter Weg zum Abdecken zu sein, ist es aber weitaus weniger, wenn Sie sich einmal darüber im klaren und davon überzeugt sind, daß Sie damit das Richtige tun. Sie können nicht von einer Netzposition nahe der Seitenlinie starten und quer über den Platz jagen, weil Sie das auf eine Richtung festlegt und Sie entweder durch einen Seitenlinien-Passierschlag oder einen Ball über Ihren Kopf verwundbar sind. Geben Sie sich selbst eine Chance und stellen Sie sich in der Nähe der Mitte auf, etwas weniger als der Hälfte zwischen Seiten- und Mittellinie.

Das Abdecken der Seitenlinie

Wie steht es mit Ihrer Seitenlinie? Wahrscheinlich neigen Sie eher dazu, Ihre Seitenlinie zu viel zu decken, als zu viel auf Lobs zu achten. Schießt aber ein Rückschläger nicht offen auf Sie, dann greift er auch selten Ihre Seitenlinie an. Bei einem starken Aufschlag versucht er, außerhalb Ihrer Reichweite zu bleiben, bei einem schwachen möchte er seine Chance nicht verpassen. Er ist besser dran, wenn er auf die Füße Ihres aufrückenden Partners einen erfolgversprechenden Drive spielt, als einen zweifelhaften Ball zu riskieren, der zwar entlang der Seitenlinie kommen, aber auch genau in Ihre Rückhand treffen könnte – zu einem Flugball über Netzhöhe. Wenn Ihr Partner weit nach außen aufschlägt, dann müssen Sie Ihre Seitenlinie decken. Das steht außer Frage.
Als Netzspieler haben Sie eine Menge zu tun. Ihr Überkopfball und Ihr Flugball müssen zuverlässig sein. Um gut die Hälfte des Spielfeldes von der Netzposition aus decken zu können, müssen Sie sehr beweglich sein. Wer im voraus weiß, was er zu tun hat, bewegt sich schneller als jemand mit schnellen Körperreflexen und unklaren Vorstellungen. Der Verstand ist den Muskeln bei weitem überlegen.

Kann man Netzspiel mit geringerer Deckung spielen?

Sie wollen gerne Netzspiel-Doppel spielen, haben aber vielleicht Ihre Einwände. Sie glauben nicht, daß Sie als Netzspieler die ganze schraffierte Fläche abdecken müssen, um es wagen zu können, diese anspruchsvolle und starke Aufstellung zu spielen. Sie haben viele Spieler gesehen, die ihrem Aufschlag an das Netz folgten, und manche Lobs über den Netzspieler, die der Aufschläger auf irgendeine Weise erreicht. Sie erinnern sich auch an Returns entlang der Mittellinie, wobei der Aufschläger das Spiel meistens ohne Netzspieler machte und auch noch fast alle seine Aufschlagspiele gewann. Oder Sie sagen vielleicht, daß Sie und all Ihre Partner so spielen – zufriedenstellend spielen.
Hier sind ein paar annehmbare Entgegnungen:

- Halten Sie sich nicht zurück. Spielen Sie Netzspiel, sobald Sie es wollen.
- Haben Sie das Gefühl, nicht die ganze schraffierte Fläche abdecken zu können, passen Sie Ihre Deckung zumindest dem Spiel Ihrer Gegner an. Spielen diese meistens Driveschläge, dann versuchen Sie lieber die Mitte zu decken, als sich gegen Lobs zu schützen.
- Seien Sie sich aber dessen bewußt, daß Trainings-Sätze keine Match-Sätze sind. Im Training wollen Ihre Partner gewöhnlich harte Driveschläge, kurze angewinkelte Schläge oder eine Vielfalt von interessanten anderen Schlägen spielen – und geben sich deshalb selten mit Lobs ab. In einem Match ist das anders. Sieht der Rückschläger, wie Ihr Partner seinem Aufschlag an das Netz folgt, um abzublocken, dann entscheidet er sich oft für einen Lob. Gerade dieses Paar, mit dem Sie trainiert haben, sowie jedes andere Paar wird das wahrscheinlich tun, sollten Sie später in einem Match aufeinandertreffen.
- Ein Paar, das bei jeder Gelegenheit lobbt, bringt Ihre Position als Paar ständig durcheinander, wenn Sie nicht die Lobs abdecken, die auf Ihre Spielfeldseite kommen. Ihr Aufschlagpartner glaubt dann, daß es zu riskant sei, nach vorne zu gehen, und bleibt deshalb hinten. Mit anderen Worten, Sie spielen wieder in der „ein Spieler vorne, ein Spieler hinten"-Aufstellung; das kann man nicht gerade als Fortschritt bezeichnen. Abb. 20 und die dazugehörigen erläuternden Seiten sind dafür gedacht, solche Dinge bei Ihnen abzustellen.
- Zweifeln Sie nicht an Ihrer Fähigkeit, Lobs zu erreichen. Es kann keiner über einen körperlich leistungsfähigen Spieler lobben, der bereits den Lob erwartet und sich weigert, überlobbt zu werden. Prüfen Sie das einmal in einem Trainings-Satz: Wenn Sie Rückschläger spielen, dann sagen Sie Ihrem gegnerischen Netzspieler, daß Sie

ihm Lobs bringen, damit er Schmetterbälle trainieren kann. Sie werden dabei feststellen, daß die Lobs, die außerhalb des Spielfeldes landen, die einzigen sind, die er nicht mehr erlaufen und schmettern kann. Sie haben ihn natürlich darauf vorbereitet, aber ähnlich sollten Sie auch in einem Match vorbereitet sein.
Das Spiel des Netzspielers ist der Schlüssel zur Netzspiel-Aufstellung. Schauen Sie sich noch einmal die Unterhaltung unserer beiden Freunde am Anfang dieses Kapitels an. Das einzige, was ausgehandelt werden mußte, war die Spielfeldseite, wobei der starke Spieler auf taktvolle Weise, ohne es direkt zu sagen, vorgeschlagen hat, daß er das linke Spielfeld übernehmen sollte. Der starke Spieler würde als starker Doppel-Spieler die ganze schraffierte Fläche decken, wenn er Netzspieler wäre. Der schwache Spieler würde das auch tun, denn seine Antwort hat gezeigt, daß er kein Neuling im Netzspiel ist. Außerdem würde er durch die starken Aufschläge seines Partners unterstützt werden.
Ein starker Aufschlag-Partner *ermöglicht* es Ihnen, voll Ihre Verantwortung wahrzunehmen. Mit einem schwachen Aufschlag-Partner ist es praktisch ein *Muß*. Zögern Sie also in keinem der beiden Fälle, decken Sie voll, vielleicht sogar etwas mehr als Ihre Spielfeldhälfte ab.

Die Schläge des Netzspielers

Ihre Schläge als Netzspieler – Flug- und Schmetterball – wurden bereits in Kapitel 2, Seite 36 besprochen. Ergänzend ist dazu zu sagen: Verschlagen Sie einen Flugball, dann behalten Sie ihn das nächste Mal auf seiner ganzen Flugbahn im Auge. Haben Sie schwach geschlagen, dann spielen Sie den nächsten hart. Schlagen Sie einen Flugball ins Aus, blocken Sie den nächsten ab. Haben Sie bei keinem Ihrer Flugbälle dieses gewohnt gute Gefühl, dann führen Sie den Ball etwas länger. Wenig Spieler verbinden langes Führen mit einem Flugball, aber es wird Sie erstaunen, um wieviel geschmeidiger Ihr Schlag dadurch wird.

Das Schmettern

Ihre Schmetterbälle sollten eher zuverlässig als schnell sein, da Sie bei dem gewöhnlich hohen Niveau des Netzspiel-Doppels mehr gute als schlechte Lobs bekommen. Um einen langen Lob zu schmettern, müs-

Abb. 21. Gegen lange Lobs: Nehmen Sie den linken Arm zur Stabilisierung hoch, solange Sie, mit dem Gesicht nach vorne, rückwärtslaufen. Der Schläger ist in der Nähe der rechten Schulter. Sie brauchen nicht den vollen Schwung, wie beim Aufschlag.

sen Sie rückwärts laufen, während Sie vorwärts schauen. Nehmen Sie Ihren linken Arm hoch (zur Stabilisierung), solange Sie nach rückwärts laufen, und ziehen Sie Ihren Schläger in der Nähe Ihrer rechten Schulter hoch (Abb. 21). Strecken Sie sich nach dem Ball; Sie müssen das Gefühl haben, daß Sie ihn treffen, nicht daß er auf Sie herunterfällt; schlagen Sie ihn *vorwärts* und nicht nach unten. Sie sind ziemlich weit hinten im Spielfeld, und ein Schmetterball hat seine eigene Abwärtstendenz. Wenden Sie nicht den vollen Schwung wie beim Aufschlag an, bei dem Sie den Schläger hinter Ihrem Körper ausschwingen, um einen fast stehenden Ball von hinter der Grundlinie aus vorwärtszutreiben. Zielen Sie den Ball mit deutlichem Abstand über das Netz.

Treffen Sie den Ball in der Mitte der Besaitung, bekommt er die Länge, die Sie angestrebt haben. Treffen Sie ihn oberhalb der Mitte,

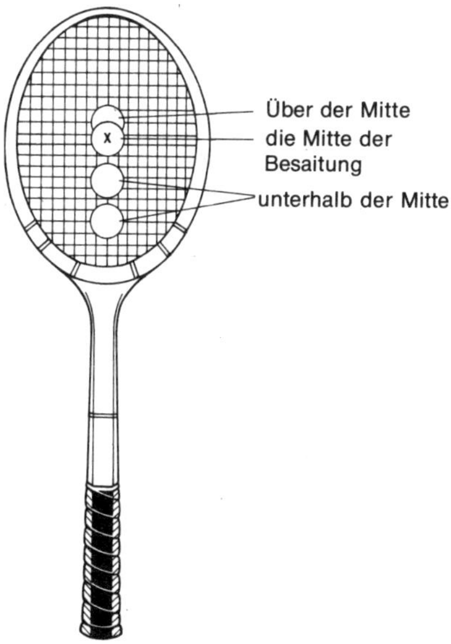

Abb. 22. Schmetterball-Treffpunkte: *Mitte:* der Ball geht so hoch und so weit, wie Sie ihn zielen. *Über der Mitte:* der Ball kommt niederer und kürzer, als Sie ihn zielen. *Unterhalb der Mitte:* der Ball geht hoch und ins Aus. Warum?

kommt der Ball niedriger und kürzer, als Sie es angestrebt haben. Treffen Sie ihn unterhalb der Mitte, beim Schlägerherz, dann geht er nach oben und über die Grundlinie hinaus (Abb. 22).
Die untere Hälfte der Besaitung hat keine magische Eigenschaft, die Bälle nach oben und ins Aus zu schicken, Ihr Schläger ist lediglich nach rückwärts gegen den hinteren Zaun geneigt, wenn Sie den Ball dort treffen, und deshalb gehen die Bälle hoch. Beobachten Sie trotzdem einmal einige andere Spieler beim Schmettern langer Lobs. Sie finden wahrscheinlich, daß die meisten zu tief schwingen und fast so viele Bälle in wie über das Netz schlagen. Wenn der Ball über die Grundlinie hinausgeht, war er mit der unteren Hälfte der Besaitung geschlagen.
Trainieren Sie die dargestellte Technik, und Ihr Überkopfball wird sowohl gegen lange als auch gegen kurze Lobs sicher. Das heißt, einen zuverlässigen Überkopfball beherrschen.

Geduld bitte!

Bleiben Sie bei langen Lobs ruhig und geduldig. Sie müssen nicht mit einem einzigen Schmetterball gewinnen. Schmettern Sie kräftig und rücken Sie wieder nach vorne auf. Sie müssen nur dann Ihr Letztes geben, wollen Sie einen Lob, fast außer Reichweite, noch voll auf den Schläger bekommen, anstatt ihn aufspringen zu lassen, nach ihm zu laufen und ihre Netzposition damit zu verlieren (Abb. 23).
Sie haben mit der Netzposition begonnen, bleiben Sie dabei.

Abb. 23. Zulässiger Verzweiflungsschlag: Er ist mehr als zulässig, er ist notwendig! Welche Bedeutung hat er doch für Ihre Position. Sie behalten Ihre Netzposition oder die Rückschläger werden eine erreichen.

Das Aufschlagen

Taktik und Technik der Aufschläge wurden schon ausführlich behandelt. Wenn wir den Aufschlag im Netzspiel-Doppel besprechen, gehen wir davon aus, daß Ihr Aufschlag noch nicht so hervorragend ist, daß Sie ständig Asse bringen und Ihren Gegner zum Verschlagen oder zu schwachen Bällen zwingen können. Alle Situationen setzen die taktische Unterstützung Ihres Aufschlages und die Netzspiel-Aufstellung voraus, damit Sie gegen ein schwächeres Paar sicher und überlegen, gegen ein gleich starkes Paar um Haaresbreite gewinnen können.
Ihren Hauptaufschlag sollten Sie nicht dreschen. Denn wenn er nicht gerade selbst zum Punktgewinn führt oder fast ein Punktgewinn ist, kommt er zu schnell zurück und erwischt Sie in ungünstiger Position, und zwar zu weit vom Netz entfernt, um bequem Flugball spielen zu können. Sie „zwingen Ihren Gegner zu glänzen". Schlagen Sie lieber mit der Vorstellung auf, eine günstige Position für Ihren ersten Flugball zu erreichen, welchem im wahrsten Sinne des Wortes eine Schlüsselstellung zukommt. Schlagen Sie im Rhythmus und im Gleichgewicht auf und beenden Sie den Aufschlag und das Durchschwingen mit Ihrem rechten Fuß im Spielfeld, dem ersten Schritt, den Sie zum Aufrücken an das Netz tun.
Flache, angeschnittene und geschnittene Topspin-Aufschläge entsprechen dem. Durch die Topspin-Aufschlagbewegung geht Ihr rechtes Bein etwas seitwärts. Beim extremen Topspin (oder Amerikanischen Twist) geht es weiter rechts, und diese Bewegungen verlangsamen Ihren Start zum Aufrücken. Nun, es ist wohlbekannt, daß diese zwei Aufschläge in höherem Bogen über das Netz kommen als die anderen und es somit länger dauert, bis Ihr Ball den Schläger des Rückschlägers erreicht. Dadurch gewinnt der Aufschläger ein Maximum an Zeit, um in Stellung zu gehen. Außerdem erhöht es Ihr Vertrauen in andere Aufschlagarten, wenn Sie wissen, wie nützlich deren reibungsloser Ablauf für Ihr Aufrücken zum Netz ist. Machen Sie aber keine Fußfehler! Achten Sie nicht darauf, geschieht das jedesmal in Ihrem Eifer, das Netz zu erreichen. Eines Tages ruft dann plötzlich jemand in irgendeinem angespannten Augenblick „Fußfehler!". Es klingt, als ob er „Foul!" gerufen hätte; für ein empfindliches Gemüt hört es sich sogar wie „Betrug" an. Wenn Sie das nicht stört oder zumindest an Ihrem Selbstbewußtsein rührt, was Ihre Konzentration und Ihr Ballanschauen beeinträchtigen würde, dann sind Sie ein sehr erfahrener Wettkämpfer. Stellen Sie sich statt dessen deutlich von der

Linie entfernt auf – sehr deutlich, wenn Sie wissen, daß Sie Ihren vorderen Fuß immer etwas nach vorne bewegen – kilometerweit, wenn Sie wissen, daß Sie ihn ein beträchtliches Stück bewegen. Haben Sie um Himmels willen kein Selbstmitleid, daß Sie sich selbst bestrafen würden. Dann schlagen Sie jetzt auf, ziehen Sie durch, schwingen Ihr rechtes Bein vor, machen einen Schritt in das Spielfeld und rücken zum Netz vor.
Bewegen Sie sich flink oder energisch, entsprechend Ihrer Veranlagung. Sie dürfen sich nur nie dabei ertappen, daß Sie an das Netz stürzen. Das Getrippel kleiner, aufgeregter Schritte paßt zu einer Kinderparty oder vielleicht zu einem mutigen Mitglied eines „beide Spieler hinten"-Paares, das plötzlich beim Matchball an das Netz vorstürzt. Diese Leute gehören nicht zu den Spielern, die jedem Aufschlag an das Netz folgen.
Manche Dinge werden am besten in Eile erledigt, aber ein Netzspiel-Doppel kann man nicht auf diese Weise spielen. Je mehr Zeit zwischen dem Treffpunkt Ihres Aufschlages und dem Ihres Flugballes besteht, um so näher können Sie zum Netz aufrücken und um so leichter wird dieser Flugball sein. Seien Sie sich deshalb darüber im klaren, daß Sie lang aufschlagen müssen. Sie dürfen es nicht dem Schicksal überlassen und dann versuchen, die Zeit durch hastiges Vorstürzen ans Netz wieder aufzuholen.
In den meisten Fällen ist eher Ihr erster Flugball der wichtigste Schlag, nicht Ihr Aufschlag. Sie können ihn meistens gut spielen, und wenn Sie es tun, steigen Ihre Chancen, diesen Punkt eventuell sofort zu machen, rapide an. Verpassen Sie darum nie den ersten gut zu spielenden Flugball. Das wäre fahrlässige Verschwendung. Schwierig ist es, die Situation rückgängig zu machen und den Punkt unter allen Umständen zu erhalten.

Flüssige Bewegungen

Schlagen Sie ein As, wann immer Sie wollen. Viele Aufschläger meinen aber, daß die ausschließliche Konzentration auf einen Schlag das Gleichgewicht beim Vorgehen nach dem Aufschlag zum ersten Flugball stört, sollte der Rückschläger überhaupt einen guten Return bringen. Die Grundmethode vieler erfahrener Spieler ist, ihren Aufschlag und ihren ersten Flugball als ein Paar zu betrachten und nicht als zwei getrennte Schläge. Sie schwingen ihren Aufschlag über das Netz, scheinen ihn nach unten zu spulen, erwarten ihn fast mit offenen

Armen zurück, rücken auf, was eine Fortsetzung der Aufschlagbewegung ist, halten ein oder zögern etwas, solange der Rückschläger den Ball trifft, spielen einen bequemen ersten Flugball und rücken dann auf die gleiche Höhe zum Netzspieler auf, um zusammen mit ihm eine Netzbarriere zu bilden.
Es gleicht eher einem Schachspiel, bei dem der Spieler mit den weißen Figuren den ersten Zug macht, ohne etwas dabei zu riskieren und ohne auf einen schnellen Coup aus zu sein, und sich selbst in eine gute Eröffnungsposition bringt (Abb. 24). Der Grund, warum der Aufschläger bei einem ausgeglichenen Spiel seinen Aufschlag hält, ist die erste Chance, die das Aufschlägerpaar hat, eine Netzbarriere zu bilden – und nicht, weil der Aufschlag dem Return überlegen ist. Das ist eines der klarsten und konsequentesten Beispiele vom Spiel mit dominierender

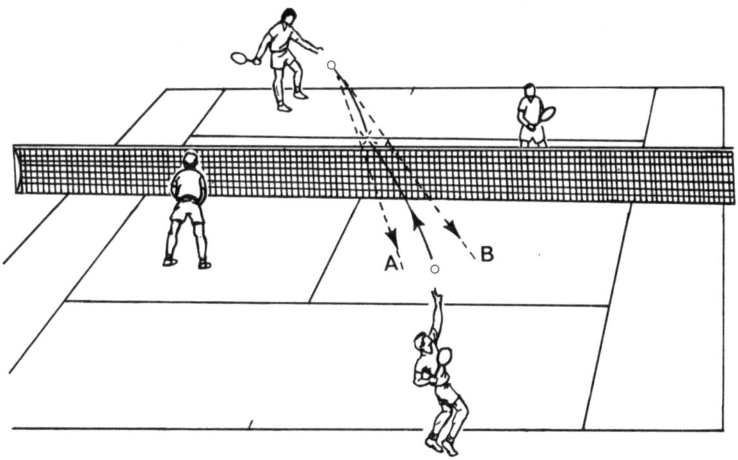

Abb. 24. Es ist fast wie ein Schachspiel: Der Aufschläger schlägt auf die Rückhandseite des Rückschlägers auf. Der Ball kurvt in ihn hinein, so daß er keinen kraftvollen Schlag bringen kann. Mit der Aufschlagbewegung geht der Aufschläger bis über die Aufschlaglinie vor, stoppt dort mehr oder weniger zu einem sicheren Flugball und zur maximalen Reichweite nach rechts und nach links. Der Rückschläger spielt einen Rückhand-Return in Richtung A oder B. Er hat den Netzspieler umspielt, jedoch ist der Ball immer noch über Netzhöhe und nicht schwierig für den vorgehenden Aufschläger zu nehmen. Der Aufschläger spielt einen bequemen ersten Flugball, entweder als Rückhand (A) oder als Vorhand (B), lang auf die Rückhand des Rückschlägers und rückt auf. Ohne das geringste Risiko hat der Aufschläger den Rückschläger dazu gezwungen, seinen nächsten Schlag hinter der Grundlinie zu spielen, und hat mit seinem Partner eine Netzbarriere gebildet. Sie müssen zugeben, in so perfekter Position darf sich der Letztere nicht überlobben lassen, sonst kann er das Tennisspielen aufgeben.

Taktik, obwohl die Schläge beider Spielerpaare ungefähr gleichwertig sind. Schauen Sie im Fernsehen Champions beim Doppel zu, dann bekommen Sie den Eindruck, daß ihr brillantes und variiertes Spiel spontan, ja sogar opportunistisch ist. Zweifellos ist es das teilweise. Aber die Basis ihrer Hauptaufschläge entspricht Abb. 24. Das ist gut erkennbar. (Beobachten Sie einmal eine Zeitlang nicht den Ball, sondern schauen Sie auf den Aufschläger.)
Es ist befriedigend, von einer Basis aus arbeiten zu können. Sie sind deshalb nicht stereotyp. Nehmen wir nur einmal einen Schlag heraus, den Aufschlag. Sie können ihn von derselben Stelle aus spielen und ihn auf dieselbe Stelle im Rückschlägerfeld treffen, und dennoch ist es für den Rückschläger ein anderer Ball (Abb. 25).
Bringen Sie, wenn möglich, Ihren ersten Flugball von innerhalb der Aufschlaglinie aus. Wenn Sie es nicht tun, ist es Faulheit. Ist es keine, dann sollten Sie eine geschmeidigere und dadurch schnellere, kombinierte Aufschlag- und Aufrück-Bewegung üben. Können Sie das nicht, werden Sie in einem größeren Bogen aufschlagen müssen. Geben Sie sich durchweg selbst eine echte Chance, indem Sie immer daran denken, den Ball so lang wie möglich und nicht mit großer Härte gegen einen Rückschläger zu spielen, der mit schnellen Bällen fertig wird. Gehen Sie nicht gut an das Netz vor, werden Sie dadurch bestraft, daß Sie Ihre sonst bequemen ersten Flugbälle durch eine Reihe sehr niedriger Flugbälle oder Halb-Flugbälle ersetzen müssen und wahrscheinlich auch durch einige aus jener Mischung von Halb-Flugball und aufsteigendem Ball.

Abb. 25. Sie sind nicht stereotyp: Derselbe Mann schlägt vom selben Platz auf, zielt auf denselben Punkt – aber durch die unterschiedliche Flugbahn und den unterschiedlichen Aufsprung hat der Rückschläger das Gefühl, vier verschiedene Bälle, wenn nicht mehr, zu erhalten. (1 Amerikanischer Twist, 2 Topspin oder gerade, 3 geschnittener Topspin, 4 geschnittener Ball.)

Schlägt der Rückschläger gelegentlich einen langsamen Ball hoch über das Netz, dann können Sie ganz vorlaufen und einen Punkt oder Beinahe-Punkt machen. In allen anderen Fällen müssen Sie jedoch beim Aufrücken etwas abstoppen, solange der Rückschläger den Ball trifft – aus zwei Gründen. Einmal können Sie die Richtung nicht ändern, solange Sie nach vorne laufen, um seitliche Returns sauber decken zu können, zum andern können Sie im schnellen Lauf keinen kontrollierten Flugball bringen. Diese Verzögerung ist kein vollständiges Abstoppen, muß jedoch immer da sein, selbst wenn Sie kaum merken, daß Sie sie ausgeführt haben. Analog dazu ist der Schwung Ihres Vorhanddrives: Ob Sie das Zurückschwingen durch Abstoppen oder nur durch Langsamerwerden beenden, irgendeine Pause tritt hier auf. Sie schwingen nie die Schleifenbewegung vor- und rückwärts mit derselben Geschwindigkeit.
Verspüren Sie einmal das durch Spielen eines bequemen Flugballes hervorgerufene Gefühl von Befriedigung und Sicherheit, dann können Sie nicht umhin festzustellen, daß dieser glückliche Zustand weit öfter nach dem ersten als nach dem zweiten Aufschlag eintritt. Früher widerstrebten Sie vielleicht dem Rat, mindestens 70 Prozent Ihrer ersten Aufschläge in das Aufschlagfeld zu bekommen. Das schien Ihren Schwung zu nehmen. Nun, mit einem spielbaren ersten Flugball als Belohnung, wünschen Sie sich alle im Aufschlagfeld. Sie hätten lieber zwei gute Aufschläge als einen. Das ist es, was Trainer und Berater schon seit Jahren sagen, aber bevor Sie davon überzeugt sind, müssen Sie Ihre eigene Interpretation für sich selbst finden.

Schwierigkeiten

Die gefährlichste Schwäche, die Ihre „Ausrüstung" aufweisen kann, ist der Mangel an Vertrauen in Ihre Fähigkeit, einen wichtigen zweiten Aufschlag auf die Rückhand Ihres Gegners im rechten Spielfeld zu treffen. Wichtige Punkte sind nicht so sehr die Match-Bälle, wie jene, bei denen es auf Messers Schneide steht, ob Sie gewinnen oder verlieren. Die Spannung bei 1:5 und 15:40 ist nicht zu vergleichen mit der Spannung bei 4 beide, erster Aufschlag fehl – der Rückschläger im rechten Spielfeld ist begierig, eine Topspin-Vorhand auf Ihre Füße zu knallen. Hat er Erfolg und er und sein Partner machen weiter bis 6:4, wäre das der wirkliche Match-Ball gewesen; das erkennen Sie in diesem entscheidend wichtigen Augenblick. Was nützt Ihnen jetzt Ihr ursprüngliches Aufschlag-Konzept, wenn es überhaupt eines war, bei dem Sie die ersten Aufschläge hart schlagen und ein guter Teil davon kommt, und Ihr zweiter Ball – sagen wir mal „zulänglich" ist? Sie haben immer noch eine Chance, diesen wichtigen Punkt durchzubringen, wenn Sie klar erkennen, daß ein schwacher Aufschlag einen starken, den Nachteil wiedergutmachenden ersten Flugball erfordert, und zwar mit Entschlossenheit. Sie bringen Ihren relativ schwachen Aufschlag und folgen ihm zügig. Der Rückschläger nimmt Ihren Aufschlag mühelos mit der Vorhand und knallt ihn als Topspin, ungefähr nur 5 Zentimeter über dem Boden, vor Ihre Füße. Würden Sie zögern, wäre Ihr Flugball entweder schwach oder im Netz. Aber Sie spielen einen harten Flugball. Sie gehen tief in die Knie und graben den unteren Schläger-

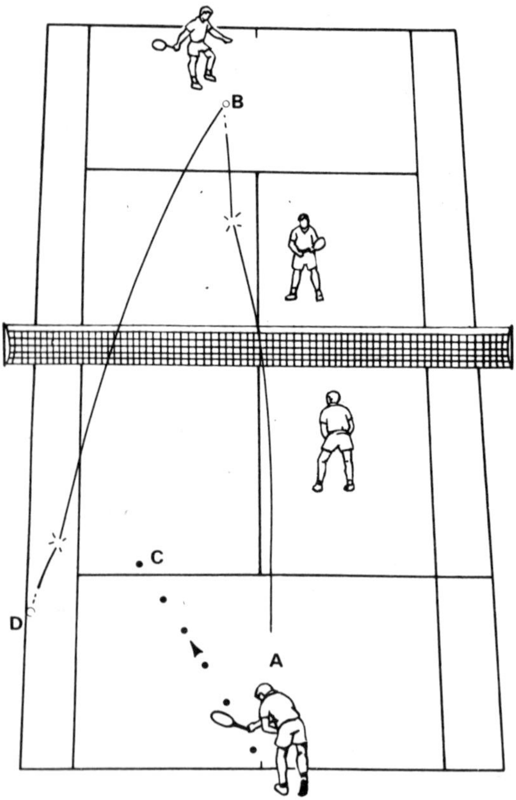

Abb. 26. Tandem ist kein Ausgleich für einen schwachen zweiten Aufschlag in das rechte Feld. Ihr Aufschlag AB geht auf die Rückhand des Rückschlägers. Die Stellung Ihres Partners gewährleistet Ihnen ein Maximum an Deckung und Sie nehmen Kurs auf C. Taktisch haben Sie alles getan, was Sie konnten, aber ein schwacher Aufschlag macht BD zu einem leichten Schlag für den Rückschläger und zu einem höchst unangenehmen für Sie.

Abb. 27. Tandem gegen Linkshänder: Der Schlag BD des Rückschlägers ist im Vergleich zu Abb. 26 für ihn viel schwerer auszuführen. Der Aufschlag ist gut und lang. Er ist entweder geschnitten und kurvt von der Rückhand des Rückschlägers weg oder er ist ein Topspin und springt direkt auf ihn. Der Rückschläger steht gut. Viele Linkshänder bevorzugen eine Rückhand mit Seitwärtsdrall nach rechts und haben Schwierigkeiten, BD wirkungsvoll zu schlagen.

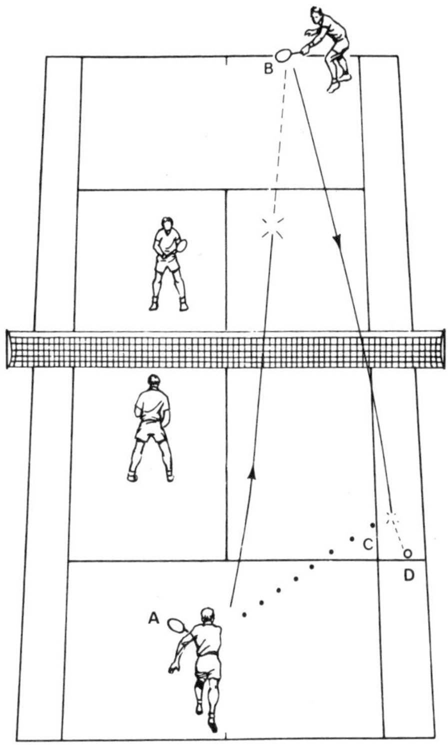

rahmen in den Boden, um sich Halt und Stabilität zu verschaffen. Kommt der Ball noch niedriger und zwingt Sie zu einem Halb-Flugball, dann spielen Sie den Ball in dem Moment, wo er den Boden berührt und führen ihn lang mit stark überzogenem Topspin. Möglicherweise kommen Sie trotz Ihres Aufschlages noch einmal davon.

Vorbeugen ist besser als heilen. Die beste Antwort auf eine starke Vorhand in das rechte Spielfeld ist, sie durch einen anständigen Aufschlag, etwa von der Mitte zwischen Mittelzeichen und Außenlinie aus aufgeschlagen, zu meiden. Einfach Tandem zu spielen macht einen schlechten Aufschlag nicht wett (Abb. 26). Es ist selten, daß im rechten Spielfeld in der Tandem-Aufstellung gespielt wird. Möglicherweise würden drei Umstände, miteinander kombiniert, ihre Anwendung rechtfertigen: Ein Aufschläger, der sonst unfähig ist, den Ball auf die Rückhand des Rückschlägers zu plazieren; ein Rückschläger mit einem verheerenden diagonalen Vorhanddrive; ein Aufschläger mit einem besseren Rückhand- als Vorhand-Flugball. Die Tandem-Aufstellung im linken Spielfeld ist insgesamt günstiger, wenn sie durch einen guten Aufschlag unterstützt und gespielt wird, um eine, das Spiel beherrschende, gute diagonale Topspin-Vorhand eines Linkshänders auszuschalten. Das wurde in Kapitel 2 bei der Aufstellung „ein Spieler vorne, ein Spieler hinten" besprochen. Für die Anwendung im Netzspiel siehe Abb. 27.

Gegen verschiedene Rückschläger-Aufstellungen

Wenn Sie sich auf den Aufschlag für das erste Spiel gegen ein Paar vorbereiten, dessen Spielweise Ihnen unbekannt ist, sehen Sie, daß der Partner des Rückschlägers sich auch hinten aufstellt. Das könnte bedeuten, daß es kein netzbewußtes Paar ist oder der Rückschläger sich keinen starken Return gegen Ihren ersten Aufschlag zutraut. Nun, es könnte auch bedeuten, daß er einen Lob über den Netzspieler beabsichtigt oder ihn außen passieren will, um ihn von Anfang an an seinen Platz zu fesseln. Dann hat er seinen Partner angewiesen, hinten stehenzubleiben, für den Fall, daß der Netzspieler einen der beiden Schläge abwehrt und ihn zwischen die beiden in die unbewachte Lücke schlägt. Da es noch nie gut war, die Gegner im Doppel zu unterschätzen (im Einzel ist das einfacher wiedergutzumachen), sollte Ihr Netzpartner jeden Gedanken, den er in bezug auf ein demoralisierendes Dazwischengehen zur Spieleröffnung hatte, aufgeben. Statt dessen sollte er auf seine Seite aufpassen. Als Aufschläger sollten Sie die vorteilhafte Gelegenheit wahrnehmen, gegen eine defensive „beide Spieler hinten"-Aufstellung zu spielen (die sich beim zweiten Aufschlag in die Aufstellung „ein Spieler vorne, ein Spieler hinten" umwandeln kann!) und, solange es gut läuft, mit Sicherheit Ihren ersten Aufschlag ins Aufschlagfeld treffen. Bekommen Sie einen bequemen ersten Flugball, dann haben Sie das ganze Spielfeld als Ziel zur Verfügung; bekommen Sie einen schwierigen, dann steht Ihnen wenigstens kein Netzspieler gegenüber oder über Ihnen, wie es oft den Anschein hat.
Eröffnen Sie das Spiel auf diese Weise, dann geraten Sie ebensowenig in Schwierigkeiten, wie wenn Sie gut und ohne Risiko Autofahren. Stellt es sich heraus, daß Ihre Gegner immer ein „beide Spieler hinten"- Rückschläger-Paar sind, dann dürften Sie mühelos Ihren Aufschlag gewinnen. Setzen Sie Ihr Netzspiel-System fort und sammeln Sie am laufenden Band Ihre Punkte. Werden Sie nicht zu bequem,

Ihrem Aufschlag zum ersten Flugball nachzugehen, das ist nämlich die Wurzel allen Übels. Sie können es gleichsam zum Angelpunkt zur Erhaltung der Konzentration machen.

Gegen Rückschläger in der Aufstellung „ein Spieler vorne, ein Spieler hinten"

Ihre Gegner sind in der Aufstellung „ein Spieler vorne, ein Spieler hinten" potentiell aggressiv, denn der Netzspieler droht, Ihren ersten Flugball abzufangen und macht vielleicht einen Punkt damit. Die augenblickliche Aggression und die Netzspieler-Mitarbeit hängen von der Qualität des Aufschlag-Returns des Rückschlägers ab. Wir werden deshalb verschiedene Return-Arten analysieren. Dabei gehen wir in allen Fällen davon aus, daß der Rückschläger seine Returns deutlich außerhalb des Abdeckungsbereichs Ihres Netzspielers schlägt und Sie diese Returns als aufrückender Aufschläger spielen werden.
Kommt der Return hoch über das Netz, dann sind die Rückschläger in der Aufstellung „ein Spieler vorne, ein Spieler hinten" in einer schwächeren Position, als sie es in der Aufstellung „beide Spieler hinten" wären. Von da aus hätten sie den ersten Flugball des aufrückenden Aufschlägers besser zurückspielen können. Der Netzspieler des Rückschlägerpaares wandelt sich in der Aufstellung „ein Spieler vorne, ein Spieler hinten" vom drohenden Spieler zur Zielscheibe. Abhängig von der Entfernung, in der er zum Netz steht, können Sie den Ball entweder auf seine verwundbare rechte Hüfte (wie in Abb. 19, Seite 58, wo Sie sich selbst bestätigten, gezeigt) oder auf seine Füße knallen. Sobald der Return hoch über das Netz kommt, führen Sie das Kommando, gleichgültig wie stark ein Spieler, in diesem Fall der Rückschläger, normalerweise ist und welch noch so drohende Netzposition sein Partner eingenommen hat. Gegen die Aufstellung „ein Spieler vorne, ein Spieler hinten" spielend, achten Sie auf diese hohen Returns. Schlagen Sie in der Absicht – oder zumindest in der Hoffnung – auf, einen solchen zu erzwingen.
Ist der Return mäßig bis langsam und hat ungefähr Netzhöhe, ist er ziemlich harmlos, und Sie können ohne weiteres den Netzspieler umgehen. Vom rechten Spielfeld aus können Sie es sich leisten, näher als gewöhnlich an ihm vorbei zu spielen und einen langen ersten Flugball in die Mitte oder in jedem Fall auf die Rückhand des Rückschlägers zu schlagen. Vom linken Spielfeld aus können Sie leicht einen Flugball auf die Rückhand des Rückschlägers bringen und sollten es fast aus-

nahmslos tun. Es ist ein Glückspiel, wenn Sie mit dem ersten Vorhandflugball auf einen Return vom linken Spielfeld aus den Netzspieler an der Seitenlinie passieren wollen. Das können Sie nur, wenn Sie sich hundertprozentig sicher sind (Abb. 28).
Ist der Return recht gut, sei es durch Härte, rasches Absinken, Winkel, flaches Ankommen oder irgendeine andere unangenehme Form, die Ihnen ungelegen kommt, dann können Sie versichert sein, daß dies der Netzspieler immer bemerkt. Jetzt stellt er eine Gefahr dar, der man ausweichen muß. Spielen Sie deshalb Ihren ersten Flugball vom rechten Spielfeld aus nicht auf die Rückhand des Rückschlägers. Wahrscheinlich kann er ihn abfangen. Geben Sie sich damit zufrieden, den Ball lang zu spielen, aufzurücken und die Weiterentwicklung abzuwarten.

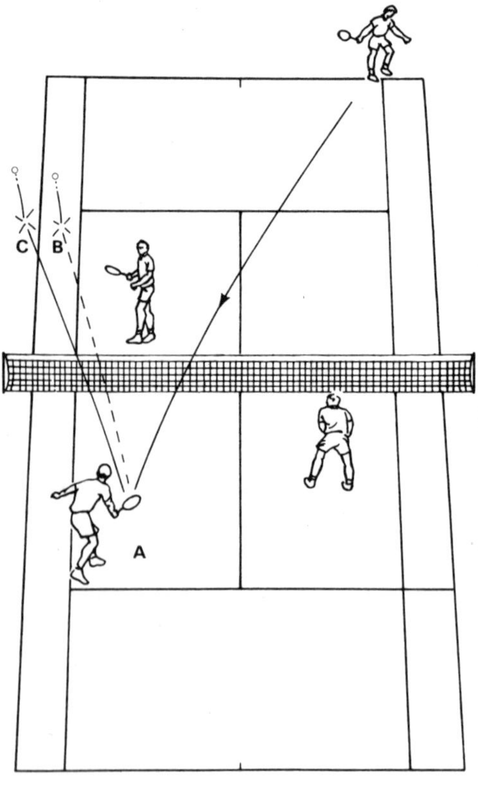

Abb. 28. Glücksspiel: Sie schlagen auf die Rückhand des Rückschlägers im linken Feld (nicht gezeigt) und gehen vor. Sein Return ist etwas höher und langsamer als gewöhnlich. Sie könnten mühelos wieder einen Flugball auf seine Rückhand bringen und vorrücken. Stattdessen wollten Sie den Punkt auf einmal machen und haben sich den Schuß AB in den Kopf gesetzt. Sie gehen etwas nach links, um einen Vorhand-Flugball daraus zu machen. Der Netzspieler geht etwas nach rechts. Sie ändern Ihr Ziel etwas, um ihn zu passieren – aber weil Sie schräg zur Fluglinie des Balles schlagen, ist das Etwas schon zu viel, und der von Ihnen gewünschte Schlag AB geht über die Seitenlinie als AC. Das geht schon über Generationen so, aber scheinbar muß jeder aus seinen eigenen Erfahrungen lernen. Das ist die beste Gelegenheit, um Einstand zu erreichen, nachdem Sie 30:40 geführt haben.

Beim Aufschlag in das linke Spielfeld meiden Sie einmal mit Ihrem normalen diagonalen Rückhandflugball den Netzspieler, zum andern geht er gleichzeitig auf die Rückhand des Rückschlägers. Wenn ein Return wirklich gut ist, wird der Netzspieler von einer latenten Gefahr zur eindeutigen Bedrohung. Ihre Taktik ist, ihn unter allen Umständen zu meiden, den Ball dem Rückschläger zurückzuspielen und aufzurücken. Sie haben immer den Positions-Vorteil! Er steht vor der Aufgabe, Ihre Netzbarriere mit einem Grundlinienschlag zu durchbrechen.

Gegen Rückschläger in der Netzspiel-Aufstellung

Es ist eine neue Stufe erreicht, wenn der Rückschläger seinem Return an das Netz zu folgen versucht und Ihren ersten Flugball als Flugball zurückschlägt. Das ist Netzspielen als Rückschläger. Um die Oberhand zu behalten, müssen Sie ihn davon abhalten, sonst bilden Ihre Gegner ihre eigene Netzbarriere. In diesem Fall gehen Ihnen die Vorzüge Ihres Aufschlags verloren. Entscheiden wird, welche Seite besser Flugball spielt. Sie müssen versuchen, Ihren anfänglichen Vorteil beizubehalten, indem Sie so gut aufschlagen, daß Sie damit Ihren Gegner während seines Returns aus dem Gleichgewicht bringen (und zwar so, daß er ihn nicht spielen und in einem Zug vorlaufen kann), und indem Sie so schnell aufrücken, daß Sie beim Zustandekommen eines Flugballaustausches *Ihre* Flugbälle nach unten schlagen werden und nicht die des Rückschlägers.
Das Ganze wird noch härter, wenn Netzspiel-Rückschläger die Returns im Steigen schlagen. In einem Schnellfeuer-Flugballwechsel sollten beide, Sie und Ihr Partner, versuchen, die Flugbälle in der Mitte zu nehmen, anstatt sich zurückzuhalten. Es ist besser, wenn zwei Schläger den Ball treffen, als gar keiner*.
Sie können es jedoch besser machen. Eine Regel, die gut funktioniert, weil sie instinktiv ist, lautet: „Der Spieler, der den letzten Ball geschlagen hat, schlägt auch den nächsten, so als ob er Einzel spielen würde." Schützen Sie immer gut Ihre eigene Mitte und greifen Sie in erster Linie die Ihrer Gegner an. Gekurvte Flugbälle bilden keine Basis zu dieser Zweier-Barrieren-Situation. Sie auszuprobieren ist oft nicht mehr als ein Glücksspiel.

* Die beiden Schläger stoßen vielleicht zusammen, aber nur einer trifft den Ball. Das ist kein doppelter Schlag, wo der Schläger eines Spielers den Ball zweimal trifft (das wäre ein Foul).

Gegen einen ungewöhnlichen Return

Es ist nichts Ungewöhnliches, einem Spieler mit außergewöhnlichem Aufschlag oder Vorhand oder Gewandtheit am Netz oder was immer es auch ist zu begegnen. Seltener stoßen Sie auf jemand, dessen ganze Stärke im Aufschlag-Return steckt – nicht in einer Vielfalt von Returns, sondern in einem einzigen Schlag.
Hier zeigen wir eine solche Situation. Es steht 15:0 für Sie. Auf diesen Spieler mit dem bis dahin ungewöhnlichen Return schlagen Sie nun auf. Er steht ziemlich weit drüben auf seiner linken Seite. Er hat offensichtlich eine gute Vorhand, deshalb spielen Sie auf seine Rückhandseite und laufen vor. Sie hören ein schnelles Huschen von Füßen auf der Platzoberfläche, und wie ein Blitz ist er um Ihren Aufschlag herum und hat eine Topspin-Vorhand von seinem Körper weggeschlagen, die weit ab von Ihrem beabsichtigten Rückhandflugball als klarer Punktgewinn kommt.
Es steht 30:15. Diesmal werden Sie es besser machen. Sie schlagen hart und weit nach außen auf, damit er der Rückhand nicht ausweichen kann, aber es ist ein Aufschlagfehler. Für den zweiten Aufschlag rückt er weiter nach außen. Sie werden sich nicht wieder durch das Anvisieren dieser Rückhandlinie zu einem zweiten Doppelfehler drängen lassen. Dafür kennen Sie sich schon viel zu gut aus. Deshalb schlagen Sie sicher in das Aufschlagfeld auf seine Rückhandseite auf, nur mit einem hohen Bogen. Sie gewinnen dadurch genug Zeit, um gut vorlaufen zu können und den Cross mit einem Rückhandflugball weit wegzuspielen.
Durch den hohen Bogen springt der Ball hoch auf – und, es ist überflüssig zu erwähnen, er hat ihn auf seiner Vorhand. In diesem Fall wäre der geschnittene Aufschlag eines Linkshänders, von weit außen geschlagen, vonnöten, um die Rückhand dieses Burschen zu treffen. Er feuert ihn mit Topspin von oben über Schulterhöhe hinein. Wäre der Ball noch höher aufgesprungen, hätten Sie geglaubt, daß er ihn in eine Art umgekehrten Topspin-Aufschlag umgewandelt hätte. Sie haben einen schlimmen Fehler begangen, als Sie ihm den hochspringenden Ball gaben. Die zusätzliche Zeit, die Sie für das Vorlaufen ans Netz gewonnen hatten, war es nicht wert. Sie spielen hochnäsig einen Halb-Flugball, und sein Partner schlägt ihn unerreichbar in die Mitte. Sie erreichen den Spielstand von 40:30. Sie schneiden Ihren Aufschlag, damit er niedrig aufspringt, und kommen für einen leichter spielbaren Flugball nach vorne. Aber dieser Bursche kann von jeder Stelle aus eine Topspin-Vorhand schlagen und sie so kurz bringen, daß er Sie

diesmal zu einem tiefen Rückhand-Flugball mit dem Rahmenholz zwingt. – Einstand.
Es ist gleich, wer nach dem nächsten Punkt Vorteil hat, dieser Mann muß gestoppt werden. Sie haben ihn jetzt durchschaut. Er hat sich auf

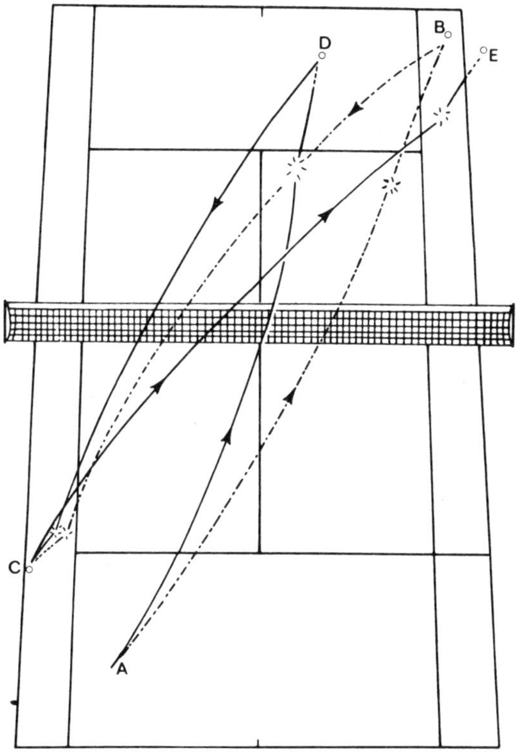

Abb. 29. Vergessen Sie Ihren Stolz: Gelegentlich sollten Sie das tun und nach einem Aufschlag hinten bleiben. Beispielsweise gegen einen Spieler, der sich auf einen Schlag spezialisiert hat, auf einen kurzen, scharfen Vorhand-Aufschlag-Return. Bei Aufschlägen wie AB umläuft er seine Rückhand und schlägt BC, ein für Sie immer unangenehmer Ball. Dem begegnen Sie mit einem ersten Aufschlag AD, der niedrig aufspringt und den Spezialisten in die Mitte holt; Sie bleiben hinten. Er donnert wieder einen Topspin DC dahin, wo Sie Ihre Füße oder den Rahmen Ihres Schlägers hätten, wenn Sie, wie erwartet, vorgegangen wären. Sie gehen zu dem kurzen und hochspringenden Ball, spielen eine tiefe, geschnittene Rückhand CE und gehen vor. Sie haben Ihre Netzbarriere gebildet, und er hat eine ihm unwillkommene Rückhand zu spielen. Der Rest ist nur noch Kinderspiel.

einen Schlag spezialisiert, der die Netzspieler dazu bringt, Halb-Flugball zu spielen und Bälle zu verschlagen, wo immer sie hingehen. Es ist zu riskant, in der Tandem-Aufstellung zu spielen, weil er wahrscheinlich den Ball auch entlang Ihrer Vorhand-Seitenlinie spielen wird (und diese ist mehr exponiert). Stecken Sie sich Ihren Stolz an den Hut.
Stellen Sie sich etwa halbwegs nach außen auf, schneiden Sie Ihren Aufschlag mehr oder weniger wegen des niedrigen Absprungs und schlagen Sie ihn in die Mitte, um keinen Fehler zu riskieren und um den Burschen in die Mitte zu holen – und bleiben Sie hinten. Er donnert noch einen weiteren kurzen Topspin-Schlag auf die Stelle, wo Sie zu einem Rückhand-Flugball stehen würden, wenn Sie vorgelaufen wären. Statt dessen springt der Ball auf, Sie gehen ein paar Schritte nach vorne und spielen eine geschnittene kurvende Rückhand auf seine Seitenlinie und rücken vollends auf. Alles ist überstanden. Sie sind jetzt vorne und haben eine Netzbarriere, und er ist am Seitenzaun und versucht eine Rückhand zu spielen, die er nicht beherrscht. Abb. 29 ist eine Graphik und eine weniger dramatische Beschreibung der ganzen Sache.
Es war eine bittere Pille für Sie, daß Sie als vollendeter Netzspieler so zurückhängen mußten, wo Sie doch genau wissen, daß Spitzenspieler ausnahmslos nach jedem Aufschlag vorgehen. Jedoch werden diese auf keinen „ungewöhnlichen Ein-Schuß-Spieler" treffen. Das können sie gar nicht. Wären nämlich die „Ein-Schuß-Spieler" so gut, daß sie Meister würden, dann wären sie mit von der Partie, und weder sie noch ihre Lieblingsschläge wären ungewöhnlich oder etwa doch?

5. Netzspiel der Rückschläger

Wie beim Aufschlagen beruht Ihr Netzspiel als Rückschlägerpaar auf der Bildung einer undurchdringlichen Netzbarriere. Bei allen besprochenen Situationen gehen wir wiederum davon aus, daß Ihre Aufschlag-Returns eine taktische Unterstützung durch Ihre Netzspiel-Aufstellung benötigen, damit Sie mit Sicherheit gegen ein schwächeres Paar gewinnen oder, wenn Sie alle gleich stark sind, sich über Wasser halten können. Das letzte Kapitel hat gezeigt, daß das Aufschläger-Paar mit seinen Karten auftrumpfen kann. Es besteht eine weitere Ähnlichkeit mit dem Aufschlagen, und zwar die, daß Sie mit einem Spieler am Netz beginnen, während der andere beabsichtigt, bei der erstbesten Gelegenheit zu ihm aufzurücken.

Gegen Paare in der Aufstellung „ein Spieler vorne, ein Spieler hinten"

Nehmen Sie jede Gelegenheit wahr, gegen ein „ein Spieler vorne, ein Spieler hinten"-Paar nach dem ersten Schlag, Ihrem Aufschlag-Return, ans Netz zu gehen. Ermöglicht Ihnen der Aufschlag Ihres Gegners einen leichten Return, dann folgen Sie ihm an das Netz und bilden Ihre Barriere. Ist der Aufschlag so gut, daß er Sie aus dem Gleichgewicht bringt, so werden Sie dieses nicht mehr rechtzeitig zurückgewinnen können, um zu einer guten Netzposition nach vorne zu gelangen. Deshalb sollten Sie hinten bleiben und eine bessere Gelegenheit abwarten. Es wird nicht lange dauern, wahrscheinlich schon beim nächsten Schlag.
Die Erhaltung des Gleichgewichts und das Zum-Netz-Aufrücken gehören zusammen. Ihre Chance, mit Ihrem Aufschlag-Return einen Vorbereitungsschlag zum Aufrücken zu machen, ist größer, wenn Sie hinter den Aufschlag kommen, anstatt ihn beim Steigen zu nehmen und dabei irgendwie aus dem Gleichgewicht zu kommen. Sie brauchen weniger Zeit, eine gute Netzposition einzunehmen, wenn Sie die Kombination aus einem leicht fallenden Ball plus Gleichgewicht plus etwas längerem Weg zum Netz wählen, als bei einer Kombination aus steigendem Ball, Gleichgewichtsverlust, Zurückgewinnen des Gleichgewichts und einem kürzeren Weg zum Netz. Das Zurückgewinnen des

Gleichgewichts beansprucht die meiste Zeit. Sie sind immer dann im Gleichgewicht, wenn Sie hinter dem Ball sind und in einem Bewegungsablauf ihn spielen und vorgehen können. Das ist einer der Gesichtspunkte, wenn Trainer meinen, daß man von einer bestimmten Spielstärke ab mehr an die Füße als an den Schläger denken soll.
Der Aufschläger bleibt ohnehin hinten stehen. Warum sollte man Risiken, wie Gleichgewichtsverlust und Ballverschlagen, auf sich nehmen, die beim Spielen eines steigenden Balles entstehen, und das nur um des Vorteils willen, ein paar Sekundenbruchteile zu gewinnen? Auf diese Weise gewinnen Sie nicht mit Sicherheit gegen ein schwächeres Paar.
Es ist wichtig, den Netzspieler zu meiden – einfach, aber wichtig. Sie können keine Netzbarriere bilden, wenn er eingreift, und Sie bringen sich in eine Lage, wie auf Abb. 2, Seite 10 dargestellt. Oder betrachten Sie es einmal von der anderen Seite: Der eigentliche Zweck Ihres Netzspiels ist, Flugball zu spielen, bevor es die Gegner tun. Da der Aufschläger nicht nach vorne geht, kann es nur der Netzspieler verhindern – also meiden Sie ihn. Bis zum Zeitpunkt, wo er sich als ausschließlich passiver Netzspieler erweist, sollten Sie sicherheitshalber davon ausgehen, daß er Flugbälle abfängt.
Unter Berücksichtigung dessen lauten die empfohlenen Taktiken gegen eine Aufstellung „ein Spieler vorne, ein Spieler hinten“, wie folgt:

Rechtes Spielfeld

- Eine Netzbarriere gegen die Vorhand des Aufschlägers zu bilden ist eine bessere Taktik, als der Versuch, seine Rückhand anzugreifen und Gefahr zu laufen, daß der Netzspieler den Return abfängt. Natürlich, je länger Ihr Return kommt, um so besser.
- Wenn es sich herausstellt, daß der Aufschläger einen außergewöhnlichen Vorhanddrive hat, der Ihre Netzbarriere oft durchbricht, dann müssen Sie auf seine Rückhand spielen. Einem Lob über den Netzspieler sollten Sie dabei den Vorrang geben. Als Teil eines Paares in der „ein Spieler vorne, ein Spieler hinten“-Aufstellung wird er sich mehr mit dem Abfangen von Flugbällen als mit dem Decken von Lobs befassen. So wie er es sieht, kümmert sich sein Partner um die Lobs.
- Ist der Aufschläger linkshändig, meiden Sie den Netzspieler und spielen Sie gleichzeitig auf die Rückhand des Aufschlägers. Aber gleichgültig, ob der Aufschläger links- oder rechtshändig ist, wenn Sie

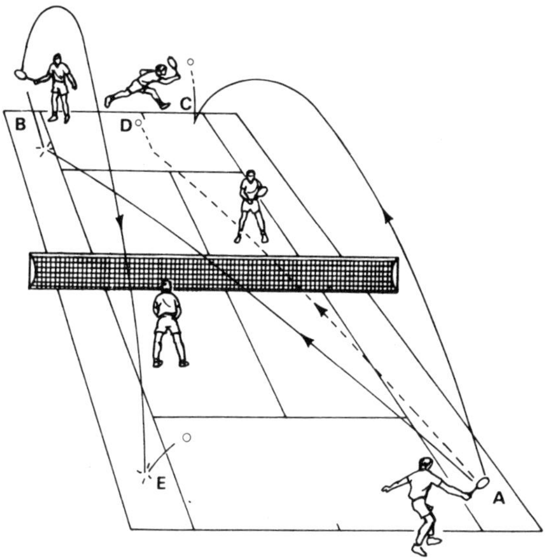

Abb. 30. Netzspiel der Rückschläger gegen die Aufstellung „ein Spieler vorne, ein Spieler hinten“ – rechtes Spielfeld: In Wirklichkeit droht der Netzspieler, Sie an der Bildung einer Netzbarriere zu hindern, es sei denn, der Aufschläger schlägt besonders gut auf. Ihn nicht mit Ihrem Aufschlag-Return zu meiden, ist eine Netzspiel-Tennis-Sünde. Bilden Sie deshalb Ihre Netzbarriere mit Hilfe eines Returns Richtung Seitenlinie des Aufschlägers (AB) oder eines Lobs (AC). Riskieren Sie keinen Schlag in die Mitte (AD), um die Rückhand des Aufschlägers anzugreifen, bevor Sie nicht sicher sind, daß der Netzspieler ein passiver Typ ist und nicht mitarbeitet. Wann immer Sie AB spielen, muß Ihr Partner auf einen Lob BE gefaßt sein.

einen Drive auf ihn spielen, muß Ihr Netzpartner darauf gefaßt sein, von ihm auf der Rückhandseite überlobbt zu werden. Siehe Abb. 30.

Linkes Spielfeld

● Hier ist es normalerweise einfacher. Der Netzspieler hat weniger die Neigung, mit der Rückhand abzufangen, und Ihre normalen Returns meiden ihn und gehen gleichzeitig auf die Rückhand des Aufschlägers. Um Ihre Netzbarriere ins Wanken zu bringen, muß seine Rückhand mehr als nur ein guter, beständiger Schlag sein.

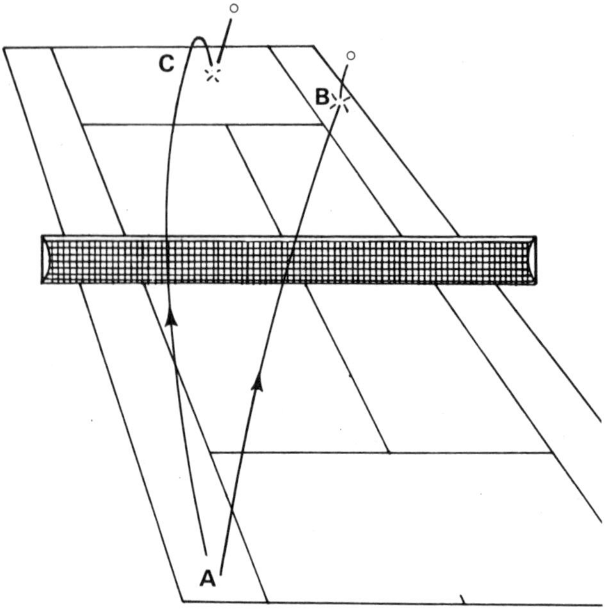

Abb. 31. Netzspiel der Rückschläger – linkes Spielfeld: Bilden Sie Ihre Barriere mit Hilfe von Returns auf die Rückhand des Aufschlägers AB. Ist der Aufschläger Linkshänder und hat er eine sehr starke Vorhand, dann ist ein Lob AC, zwischen die Rückhände beider Spieler, das sicherste Mittel, seine Rückhand anzuspielen.

- Ist der Aufschläger linkshändig und beherrscht er eine starke Vorhand, dann ist es wiederum besser zu lobben, als das Abfangen Ihres beabsichtigten Returns in die Mitte auf die Rückhand des Aufschlägers zu riskieren. Lobben Sie nicht auf die Seitenlinie, sonst geben Sie dem Netzspieler Gelegenheit zu schmettern. Lobben Sie auf die Mitte, zwischen die „Rückhände“ beider Spieler. Siehe Abb. 31.

Zusammenfassung – Gegen „ein Spieler vorne, ein Spieler hinten“

- Betrachten Sie das Rückschlägerspiel nicht als Verteidigung, sondern als Gegenangriff. *Sie* müssen das erste Paar sein, das die erste Barriere bildet. *Sie* werden als erstes Paar Flugball spielen.
- Der gegnerische Netzspieler muß gemieden werden. Das nicht zu

tun, ist eine „Netzspiel-Tennissünde“, wie beispielsweise Aufschlag-Doppelfehler gegen einen Gegner mit schwächerem Aufschlag-Return.
Bevor Sie versuchen, die Mitte anzugreifen, müssen Sie sich vergewissern, daß der Netzspieler den Ball nicht abfangen kann.

- Cross-Drives oder Slices (geschnittene Bälle) und Lobs sind Ihre Haupt-Returns. Drives und geschnittene Bälle sollten so lang wie möglich sein – so lang, wie es sich mit dem Meiden des Netzspielers vereinbaren läßt. Lobs sollten Sie mit voller Absicht spielen, und nicht nur zögernd als Notlösung.
- Gehen Sie entschlossen und mit schnellen Schritten hinter den Ball, damit Sie immer dann, wenn es möglich ist, die Aufschlag-Returns als Vorbereitungsschläge zum Vorgehen spielen können.
- Länge gibt Ihnen mehr Zeit zum Vorgehen und Einnehmen einer guten Netzposition und verringert außerdem die Wirkung des vom Aufschläger zurückkommenden Balles.

Mit dieser Spielweise sollten Sie in der Lage sein, ein schwächeres Paar zu schlagen. Meistens ist das Paar in der „ein Spieler vorne, ein Spieler hinten“-Aufstellung gegenüber dem Netzspiel-Paar das schwächere. Es besteht möglicherweise aus zwei Spielern, von denen jeder im Einzel Sie und Ihren Partner schlagen kann, und zwar durch extreme Sicherheit im Grundlinienspiel mit geschnittener Vor- und Rückhand. Im Doppel werden diese geschnittenen Bälle nicht die Netzbarriere durchdringen.
Können Sie und Ihr Partner außerdem noch Ihre Lobs decken, dann sind Sie sicherlich die Gewinner. Das mag zwar überraschen, aber es ist tatsächlich so.

Gegen Netzspiel-Aufschläger

Fassen Sie sich ein Herz. Nicht alle Netzspiel-Aufschläger-Paare kennen die im vorangegangenen Kapitel ausführlich dargestellten Taktiken. Kennen sie die Taktiken nicht, dann gibt es bestimmt Lücken in ihrem Spiel. Wir wollen damit anfangen, gegen ein Paar zu spielen, das unter Netzspiel nur das Vorlaufen zum Netz und Flugballspiele des Aufschlägers versteht. Der Netzspieler ist sich mit großer Wahrscheinlichkeit seiner Schlüsselrolle im Lob-Decken nicht bewußt. Er hat herausgefunden, daß die meisten Rückschläger einen Drive zurückschlagen. Insofern hat er kaum mit Spielern Schwierigkeiten gehabt, die ihn mit einem „krummen“ Ball überlobben wollten. Einige Bälle

flogen zwar über seinen Kopf, aber sein Partner kam herüber und holte sie und machte sogar dann und wann einen Punkt.
Sie wundern sich vielleicht, wie das möglich ist. Dafür gibt es aber eine einfache Erklärung. Die meisten Leute schlagen den Ball als Drive zurück. Netzspieler haben mit Lobs keine großen Schwierigkeiten, da *die meisten Lobs schwach sind.* Ein Rückschläger versucht einen Lob, sieht ihn fast demütigend zurückgeschmettert und sagt zu sich selbst: „Nie mehr!" Statt dessen beschließt er, seine Driveschläge härter zu schlagen. Das ist menschlich. Es würde wohl jeder lieber stärker spielen, wenn nötig, sogar kämpfen.
Die Lobs, bei denen der Partner des Netzspielers überwechselt, um sie abzufangen und zu schmettern, kamen vom linken Spielfeld. Der Rückschläger des linken Spielfeldes ist bei einem guten Aufschlag auf seine Rückhand manchmal zu einem hastigen Lob gezwungen, der zwar über die Rückhandseite des Netzspielers geht, aber vom Aufschläger leicht spielbar ist, weil er ja nur etwas hinüberrücken muß, um einen Vorhand-Schmetterball spielen zu können. Vergleichen Sie damit den in Abb. 31 gezeigten, wohlüberlegt gespielten Lob in die Mitte.
Kurzum, unser Netzspieler und dessen Partner, sind sie beide vom selben Schlag, begegneten noch keinem kalkulierten und kraftvollen Lob, insbesondere keinem vom rechten Spielfeld und gut über die Rückhandseite des Netzspielers gespielten. Und all das zeigt Ihnen schon die Position, die der Netzspieler am Netz bezieht, bevor der erste Ball aufgeschlagen wurde. Er steht zu nah, daran sehen Sie, daß Sie ihn überspielen können. Er drückt sich nicht wie ein vollkommen unerfahrener „ein Spieler vorne, ein Spieler hinten"-Netzspieler oder wie manche schüchternen Spielerinnen in die Ecke von Netz und Einzelseitenlinie. Er stellt sich nämlich in der Nähe der Mitte auf, entweder zum aggressiven Dazwischengehen oder um mindestens das Spielfeld für seinen aufrückenden Partner so weit wie möglich zu decken. Das macht es für Sie um so leichter, seine Rückhand zu überlobben.
Das Aufwärmen ist vorüber, und Sie sind bereit, den ersten Ball des Satzes anzunehmen. Der Aufschläger läßt den Ball ein paarmal am Boden aufspringen und macht sich zu einem harten Aufschlag und zügigem Vorlaufen bereit. Der Netzspieler steht auf seinen Fußballen und beugt die Knie etwas. Beide sind klar zum Angriff. Der Aufschlag kommt wohl schnell, aber weder besonders lang noch in die Mitte plaziert; es ist der übliche Aufschlag am Anfang eines Matchs. Der Aufschläger kommt vor, und der Netzspieler ist sprungbereit; sie sind darauf aus, einen Flugball zu spielen. Aber Sie schlagen einen kräftigen Vorhandlob über die Rückhand des Netzspielers (Abb. 32).

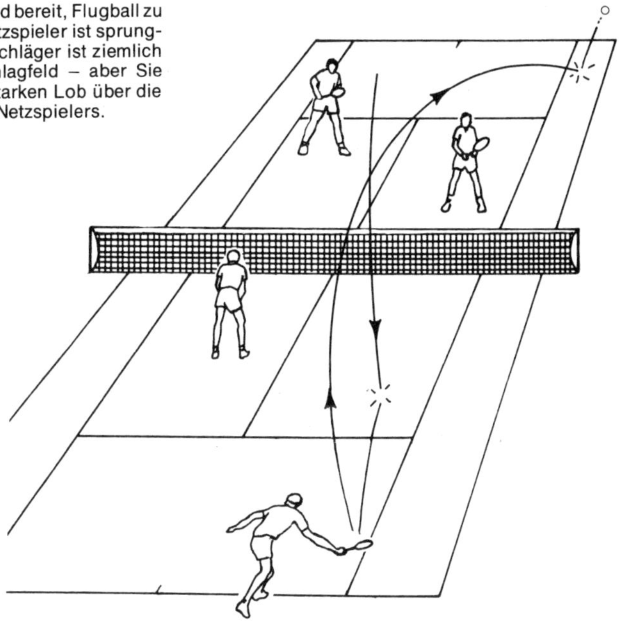

Abb. 32: Alle sind bereit, Flugball zu spielen: Der Netzspieler ist sprungbereit, der Aufschläger ist ziemlich weit im Aufschlagfeld – aber Sie spielen einen starken Lob über die Rückhand des Netzspielers.

Sofort löst sich die gegnerische Netzspiel-Aufstellung auf. Der Netzspieler versuchte noch, kurz bevor Sie den Ball geschlagen haben, etwas mehr die Mitte zu decken. Jetzt ist er aus dem Gleichgewicht und kann nicht mehr rechtzeitig starten, um nach einem Ball zu jagen, der schon an ihm vorbei ist. Der Aufschläger weiter hinten muß das tun. Auch er bekommt ihn nicht direkt, muß ganz zurücklaufen und einen abgesprungenen Lob auf seiner Rückhandseite holen. Sie rücken auf und haben nun zusammen mit Ihrem Partner die Netzbarriere, die Ihre Aufschlaggegner bilden wollten.
Gehen wir in diesem Ballwechsel einen Schlag weiter. Der Aufschläger, der dem Ball nachjagte, kann nichts weiter tun als zu lobben. Armer Kerl, er wird auf keine Rückhand treffen. Der Lob aus dieser Ecke wird, wenn er über die Rückhandseite Ihres Partners im linken Spielfeld kommt, auch über die Seitenlinie hinausgehen. Kommt er auf Ihre Rückhandseite, dann kann Ihr Partner auf Vorhand schmettern. Vielleicht gewinnen Sie den Ballwechsel nicht gleich beim ersten Schmetterball, aber Sie dürften den Spielstand 0:15 erreichen. Was für ein Unterschied! Ihr Angriffslob gegenüber dem Verteidigungslob des

Aufschlägers. Der Unterschied lag in der Taktik. Dennoch glauben viele Spieler, daß der Hauptunterschied zwischen Angriffs- und Verteidigungslob darin liegt, daß der eine niedrig und der andere hoch ist. Angenommen, unsere glücklichen Krieger schwören sich: „Schluß mit dem verdammten Lob, wir wollen jetzt ins Spiel kommen" – so stellt sich der Netzspieler wieder dicht am Netz auf – und Sie tun dasselbe wie vorhin.

Angenommen, der Netzspieler deckt statt dessen den nächsten Lob, er teilt es seinem Partner mit, stellt sich aber wieder dicht am Netz auf – somit spielen Sie nochmals Ihren Lob. Dieses Mal läuft der Netzspieler, nicht sein Partner, danach, aber ohne effektiven Unterschied. Das Abdecken eines Lobs bedeutet, ihn direkt aus der Luft zu nehmen und die Netzbarriere auf Ihrer Seite aufrechtzuerhalten. Nur wenige Spieler

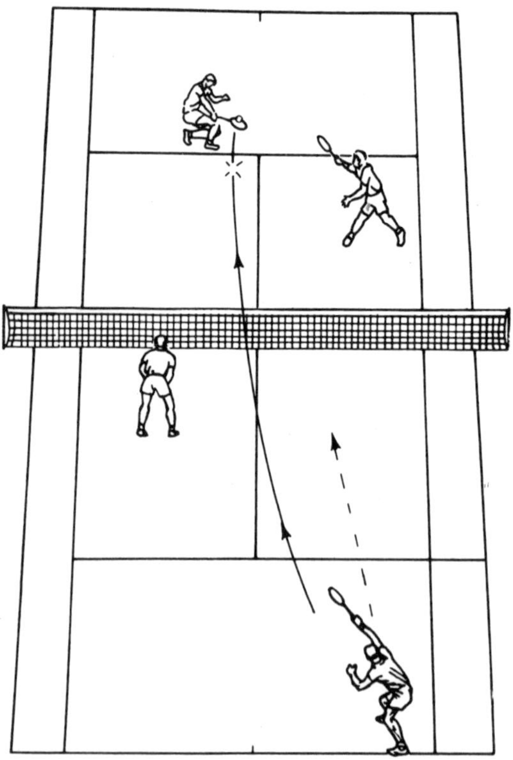

Abb. 33. Schauen Sie sich die Positionen jetzt an: Der Netzspieler achtet auf seine Überkopf-Rückhandseite, und der Aufschläger hat noch nicht die Aufschlaglinie erreicht. Anstatt eine Barriere gegen Sie gebildet zu haben, lassen sie die Mitte offen wie ein Scheunentor. In einer solchen Situation ist es wirklich schade, daß Sie nicht ein Linkshänder mit einer starken Topspin-Vorhand sind, um sie auf den Rückhand-Halb-Flugball-Fehlschlag des zögernden Aufschlägers zu feuern. Spielen Sie trotzdem Ihre Rückhand auf diese Stelle und gehen Sie vor.

können dicht am Netz stehen und dabei einen Lob über die Rückhandseite voll abdecken.
Nach zwei schlechten Erfahrungen muß sich der Netzspieler dazu entschließen, irgend etwas gegen Ihre Lobs zu tun; versäumt er es, verliert er. Er stellt sich weiter hinten auf und konzentriert sich nicht auf die Mitte. Um die Festung zu halten, meidet der Aufschläger jene Vorhand-Aufschläge, die Ihnen zum Lobben über die Rückhand seines Partners verhelfen. Deshalb schlägt er dieses Mal in die Mitte auf. Ab jetzt rechnet auch er mit den Lobs und läuft aufgrund seiner früheren Erfahrung nicht mehr so stürmisch an das Netz. Schauen Sie sich jetzt die Position der beiden in Abb. 33 an.

Etwas mehr über das Lobben

Sie haben vielleicht hin und wieder von einem Paar gehört, das durch ständiges Überlobbt-Werden zermürbt wurde oder seine Verwundbarkeit gegenüber Lobs gezeigt hat. Als Grund dafür nehmen Sie an, daß das verlierende Paar seine ganzen Schmetterbälle verschlagen hat. Am obigen Beispiel des tapferen, aber unerfahrenen Paares können Sie sehen, daß nicht die verschlagenen Schmetterbälle, sondern die Angriffslobs der Trick waren.
Sie zweifeln noch? Es hört sich alles gut an, aber Sie wissen aus eigener Erfahrung, daß Lobs gefährliche Schläge sind. Kommen sie schwach, werden sie getötet – und Sie wollen fürs erste nichts mehr mit einem schwachen Spiel zu tun haben.
Nun gut. Um aber zu verhindern, daß aus Ihnen ein Spieler wird, zu dessen Rüstzeug nur Verteidigungslobs und keine taktischen oder Angriffslobs zählen, wollen wir lediglich den Vorhandlob als Aufschlagreturn vom rechten Spielfeld besprechen.
Betrachten Sie ihn nicht länger nur als einen vorsichtig-gefühlvollen Schlag, sondern sehen Sie ihn statt dessen als einen kräftigen Schlag über und hinter den Netzspieler, als einen Ihrer Angriffs-Aufschlagreturns an.
Dann werden Sie ihn genausowenig wie einen Drive oder geschnittenen Return gleich nach dem ersten Mißlingen aufgeben.
Wenden wir uns nach dem Schlagvergleich dem Taktikvergleich zu. Sie würden Ihre Netzposition nicht aufgeben und nicht darauf verzichten, an das Netz vorzugehen, wenn Sie ein oder zwei Flugbälle verfehlt hätten. Genausowenig sollten Sie Ihren kräftigen Schlag über den Netzspieler aufgeben, wenn Ihnen einer oder zwei Kummer bereiten.

Ihre Bedenken sind immer noch nicht ausgeräumt? Ein kurzer Lob sieht schrecklich aus, wenn er krachend geschmettert wird. Sie würden alles tun, um aus dieser Lage herauszukommen. Nun, viele gute Spieler kommen nicht in diese Lage. Sie lassen sich nicht zu schwachen Lobs zwingen, die die Gegenseite schmettert. Lieber würden sie ihr Glück mit einem harten schwierigen Ball wagen – natürlich nicht wild und unter geringen Erfolgserwartungen. Sie ziehen den Schläger über und um den Ball und schlagen einen überzogenen Topspin, der das meiste an Kontrolle hergibt. Die Zeit reicht nur, um in eine Hauptrichtung zu zielen. Aber gleich, wohin der Schlag auch geht, weich wird er nicht sein.

Eine feine Sache, was aber nicht bedeutet, daß diese angriffslustigen Herren nie Angriffslobs spielen. Dazu wählen sie einfachere Bälle.

Bleiben wir dabei, daß Sie Ihren Vorhand-Lob im rechten Spielfeld wegen eines Mißlingens bei einem wichtigen Punkt nicht aufgeben wollen, dann stellen Sie sich diese Szene vor, in der die Niederlage zum Triumph wird: Entscheidender Satz, 4 beide. Sie setzen zum Schlag über den Netzspieler an, aber beobachten nicht genau den Ball, da sich der Netzspieler vielleicht zu bewegen begann. Sie treffen nicht mit der Mitte Ihres Schlägers, der Lob kommt kurz, der Netzspieler knallt ihn herüber, die Mannschaftskameraden murren, der Partner preßt die Lippen zusammen. Der Partner bringt den Spielstand wieder auf Einstand zurück. Der Aufschläger verschlägt seinen ersten Ball, der zweite kommt ziemlich schwach auf Ihre Vorhand. Ihr Gegner rennt schnell nach vorne, um das Netz zu erreichen, und der Netzspieler rückt ein Stück hinüber, um die Mitte zu decken.

Sie schauen den Ball genau an und schlagen einen kraftvollen Aufschlag-Return hinter den Netzspieler und über seine Rückhandseite. – War das nun schwierig? Nein! Und warum nicht? Weil Sie den Ball nicht nur halbherzig und vorsichtig „gestreichelt“ haben.

Aufschlag-Return im linken Spielfeld

Für einen Lob aus dem linken Spielfeld bietet die Rückhandseite des Netzspielers kein so schönes Ziel. Geht Ihr Lob auch außer Reichweite seines Rückhandschmetterballes, so kann ihn der Aufschläger, der den Ball auf seiner Vorhandseite hat, gewöhnlich mühelos erreichen. Er muß zwar etwas seine Richtung ändern, aber ein Lob gibt ihm die Zeit dafür. Das bedeutet, daß Ihre Lobs aus dem linken Spielfeld über des Netzspielers Reichweite zum Vorhandschmettern gehen müssen.

Abb. 34. Lobs vom linken Spielfeld: Lobs vom linken Spielfeld sind keine so attraktive Taktik, wie sie es vom rechten Spielfeld sind (Vorhand-Lob über die Rückhandseite des Netzspielers). Wenn jedoch der Netzspieler ein Linkshänder ist, können Sie einen äquivalenten Rückhand-Lob AB spielen. Oder Sie können auf einen Mittellinienaufschlag einen Topspin-Lob CB über die Rückhandseite des Netzspielers schlagen, der außer Reichweite des Aufschlägers geht. Oder Sie sind überhaupt gut im Lobben.

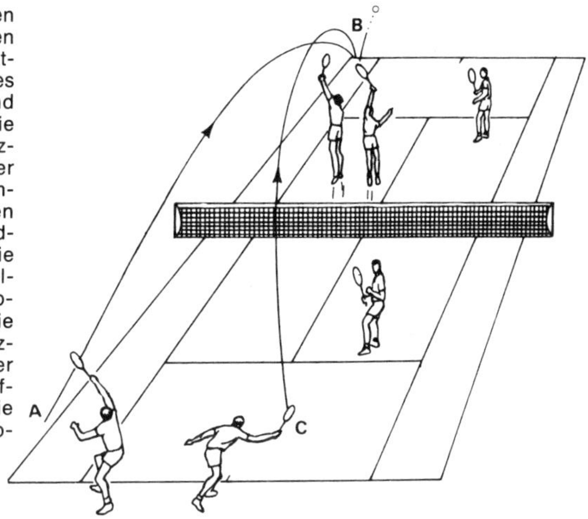

Das ist aber so riskant, daß man Angriffslobs aus dem linken Feld nicht als Haupttaktik ansehen darf.
Überlobben Sie trotzdem den Netzspieler, wenn Sie es können. Der Ball kommt hinter die Spieler, zerstört ihre Netzbarriere und ermöglicht Ihnen und Ihrem Partner, eine Netzbarriere zu bilden.
Vielleicht ist der Netzspieler Linkshänder und gibt eine gute Zielscheibe für Ihre Rückhandlobs ab. Oder Sie sind ein Spieler, der einen Mittellinien-Aufschlag als Topspin-Lob sicher über die Rückhand eines rechtshändigen Netzspielers und außer Reichweite des vorlaufenden Aufschlägers spielen kann, und zwar ganz in die Seiten-Grundlinien-Ecke des Netzspielers. Oder Sie sind überhaupt ein guter Lob-Spieler (Abb. 34).

Direkte Aufschlag-Returns

Nachdem wir über Lobs in alle Richtungen gesprochen haben, wenden wir uns nunmehr den direkten Arten des Aufschlag-Returns zu.
Vom linken Spielfeld aus sind Ihre hauptsächlich anzuvisierenden Ziele die Füße des vorlaufenden Aufschlägers und eine Stelle weit seitlich von ihm. Sie können keines der beiden Ziele allein durch Härte erreichen.

Der starke, flache – oder mit leichtem Vorwärtsdrall gespielte – Drive, der im Einzel oder gegen ein Paar in der „ein Spieler vorne, ein Spieler hinten“-Aufstellung lang nach hinten geht, ist für einen Aufschläger, der seinem Aufschlag folgt, lediglich ein bequemer, hüfthoher Flugball. Der beste Angriffsschlag ist ein nach unten ziehender Topspin-Drive, je schneller, desto besser, vorausgesetzt, daß sich der Ball rechtzeitig senkt, um innerhalb der Seitenlinie zu bleiben.
Unglücklicherweise kommt der Topspin-Drive oft nur mit Ihrer Vorhand. Für das Netzspiel-Doppel mag Ihr Rückhand-Drive noch zu schwach sein. Sie haben bei einem schnellen Aufschlag nicht genügend Zeit und müssen dafür eine schnelle, geschnittene Rückhand spielen. Mit der geschnittenen Rückhand erreichen Sie, daß der Ball niedrig über das Netz fliegt und (vom linken Spielfeld aus) in natürlicher Richtung cross auf die Rückhand des Aufschlägers kommt. Er muß dann seinen Rückhand-Flugball weit außen spielen.
Schlagen Sie unter allen Umständen einen Rückhand-Topspin, wenn Sie können. Um einen Bruchteil Zeit zu gewinnen, erwarten manche Spieler im linken Spielfeld den Aufschlag mit Rückhandgriff. Die meisten tun es jedoch nicht. Jeder sollte das für ihn Natürlichere, und dadurch auch das Schnellere tun.
Auch Ihr Vorhand-Return ist nicht auf einen Topspin-Drive beschränkt. Da gibt es zum Beispiel die seitlich geschnittene Vorhand mit Außendrall. Sie gehen um Ihre Rückhand herum, ziehen den Ball cross nach außen, wobei Sie ihn sehr niedrig halten (sonst wäre er als Flugball zu nehmen), und spielen ihn seitlich, weit weg vom Aufschläger. Oder Sie können einen langsamen niedrigen Ball auf die Füße des Aufschlägers spielen. Dieser Schlag wird manchmal „Dink-Schlag“ genannt. Gleich wie er genannt wird, der vorlaufende Aufschläger soll ihn für länger und schneller halten, als er wirklich ist. Statt den beabsichtigten Flugball spielen zu können, bemerkt er zu spät, daß der Ball auf seinen Füßen landet – vorzugsweise auf seinem rechten Fuß, da ein Halb-Flugball in der Nähe der Füße leichter mit der Rückhand als mit der Vorhand zu erreichen ist, weil beim Schlagen der Ellenbogen nicht im Weg ist.
Die meisten Spieler spielen diese niedrige langsame Vorhand leichter vom linken als vom rechten Spielfeld aus. Vom linken Spielfeld können Sie diese Art von seitlich unterschnittenem Ball mit langem Schlägerkontakt nach rechts drücken.
Wir brauchen nicht weiter ins Detail zu gehen. Haben Sie aber bemerkt, daß die meisten Einzel-Gegner ihre Vorhand-Stopbälle nach rechts auf Ihre Rückhand spielen? Wahrscheinlich tun Sie das auch.

Der steigende Ball

Ein anderer Gesichtspunkt beim Spiel im linken Spielfeld ist, daß Sie den Ball früher als im rechten Feld nehmen können, weil Sie hier nicht so gut hinter den Ball kommen müssen, um ihn außer Reichweite des Netzspielers zu halten. Wenn Sie können, gehen Sie immer hinter den Ball, um eine bessere Kontrolle über die Schlagrichtung zu haben und um besser im Gleichgewicht zu bleiben, damit Sie Ihrem Return, wenn er gut ist, folgen können. Im linken Spielfeld können Sie all das besser damit verbinden, daß Sie die Bälle im Steigen nehmen. Indem Sie den Ball treffen, geht Ihre Rückhand ganz natürlich vor dem Netzspieler cross, während die Vorhand des Spielers im rechten Spielfeld, wenn sie zu spät geschlagen wird, innerhalb der Reichweite des Netzspielers

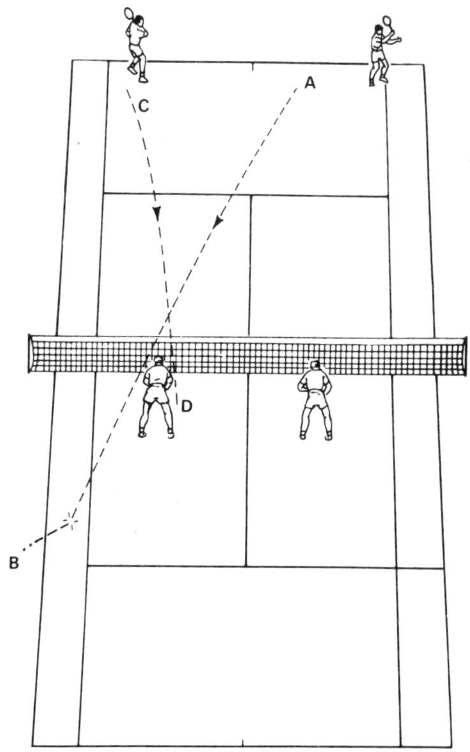

Abb. 35. Im linken Spielfeld können Sie den Ball früher nehmen: Sowohl Ihre Vorhand- als auch Ihre Rückhand-Returns meiden den Netzspieler natürlicher, wenn sie vom linken Feld geschlagen werden, denn die meisten Leute tendieren dazu, die Vorhand gerade und die Rückhand cross zu spielen. Dazu kommt, daß Sie für Ihre Rückhand nicht so viel Zeit benötigen, weil Sie sich nicht so weit, wie hier gezeigt, zur Seite drehen müssen. Schlagen Sie Ihre Vorhand zu spät, fliegt der Ball weiter entfernt vom Netzspieler AB. Vom rechten Spielfeld aus kommt er näher zum Netzspieler.

bleibt (Netzspiel-Tennissünde des Rückschlägers). Je später Sie Ihren Ball schlagen, um so weiter weg vom Aufschläger geht er, vielleicht über seine Seitenlinie hinaus. Sie können daher im linken Spielfeld weiter vorne stehen als im rechten, um den Aufschlag anzunehmen und den Aufschlag-Return im Steigen zu nehmen, mit geringerem Risiko, daß ihn der Netzspieler abfängt (Abb. 35).
Sie können beim Beobachten mehrerer Doppelpaare feststellen, daß immer der Rückschläger im linken Spielfeld weiter vorne steht, es sei denn, daß einer im rechten Feld nur zweite Aufschläge mit der Vorhand zurückdonnern muß. Zugegeben, er muß sich nicht so sehr vor schnellen, geschwungenen Vorhandassen in acht nehmen. Vielleicht ist er nur vorne, weil er der stärkere Spieler ist. Vielleicht steht er auch weiter im Feld, weil die geschnittene Rückhand im linken Spielfeld sein bester Aufschlagreturn ist und er diesen besonderen Ball lieber im Steigen als im Fallen schlägt. Nichts steht im Widerspruch zu Abb. 35.
Die Beschreibung gibt eine Erklärung für das merkwürdige Verhalten des Partners, der einmal das linke, das andere Mal das rechte Spielfeld will. Er steht auf dem Standpunkt, daß er bei langsamer Platzoberfläche das rechte Spielfeld wählen sollte. Bei schneller Oberfläche bringt er den Ball nicht ausreichend außer Reichweite des Netzspielers; unter diesen Bedingungen hält er es für besser, im linken Feld zu spielen. Es wird schwierig sein, mit ihm ein Doppel aufzustellen. Man kann aber seinen Argumenten schlecht widersprechen.
Auf jeden Fall dürften Sie sich über die Erkenntnis freuen, daß es wertvoll ist, die Bälle im Steigen zu nehmen. Jeder, der im Doppel angreift, möchte die Bälle im Steigen nehmen.
Sie waren vielleicht den früheren Vorschlägen etwas feindlich gesinnt, die besagten, lieber hinter den Ball zu gehen, als ihn im Steigen zu nehmen. Gegen ein starkes Paar müssen Sie Aufschlag-Return unbedingt im Steigen nehmen. Und gegen ein Paar, das Sie eigentlich schlagen sollten, wäre es ein unnötiges Risiko, den Ball zu früh zu nehmen.

Die Mitte und die Seitenlinie

Nicht viele Spieler im linken Feld schlagen ihre Rückhand von der Platzmitte aus gut. Selbst wenn Sie den Netzspieler damit momentan überraschen können, wird er sich wahrscheinlich schnell fangen und mit einem Flugball einen Punkt machen. Wenn es nicht zufällig einer

von den Spielern ist, die den Schläger gerade vor sich halten und so den Ball erwarten, dann wird er den Schläger bequem quer zu seinem Körper halten. Von da aus ist der Rückhand-Flugball die schnellste Reflexbewegung, die er hat. Schon mancher Spieler dachte, der Punkt sei mit seinem Schlag gewonnen, selbst mit einem Schmetterball, um dann festzustellen, daß er den Ball nur in den fast automatischen Rückhand-Flugball des Gegners geschlagen hat. Die sicherste Vorhand von der Platzmitte auf einen Mittellinien-Aufschlag ist ein Topspin, cross durchgezogen. Sehen Sie sich nochmals den Schlag CB in Abb. 34 an und stellen Sie sich ihn als Driveschlag vor.
Beschränken Sie Ihre Versuche, den Netzspieler an der Seitenlinie zu passieren, auf solche Fälle, wo er ziemlich zur Mitte rückt und Sie genug Zeit haben, ihn zu passieren. Oder wenn der Aufschlag so weit

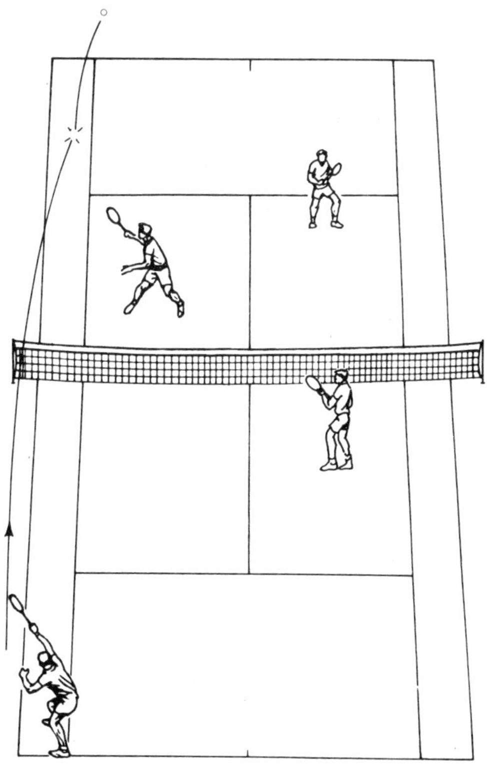

Abb. 36. Passieren des Netzspielers an der Seitenlinie: Auf einen Aufschlag weit nach außen (nicht gezeigt) schlagen Sie den Ball außen, wie für einen Cross-Schlag. Der Ball kann dann mit einer mehr oder weniger gekrümmten Fluglinie über die Seitenlinie in das Feld kurven. Damit haben Sie sich die Möglichkeit verschafft, den Netzspieler zu passieren und den Ball über die Seitenlinie in das Feld zu bringen.

außen auf die Rückhand kommt, daß Sie den Ball außerhalb der Seitenlinie über das Netz schlagen können (Abb. 36).
Hüten Sie sich vor einem halbherzigen Versuch, den Netzspieler mit einem geschnittenen Rückhandschlag zu passieren. Sie wollen wie beim Diagonal-Schlag niedrig schlagen, weil ein hoher geschnittener Ball leicht als Flugball zurückgebracht werden kann, aber Sie zielen jetzt dahin, wo das Netz 15 cm höher ist. Das hört sich nicht eindrucksvoll an. Keiner weiß das zu schätzen, bis er einmal an der Platzseite sitzt, mit den Augen auf Netzhöhe, und sieht, wie viele Bälle noch über den Netzdurchhang rutschen. Das zeigt deutlicher als jede Erklärung, daß der Ball, der in der Mitte gerade noch *über* das Netz, an der Seitenlinie eindeutig *in* das Netz geht.
Wenn Sie sich nicht herumgedreht haben, ist es schwer, entlang der Seitenlinie zu spielen. Mit all diesen Schwierigkeiten wird Ihr Ball wahrscheinlich im Netz landen. Sie glauben vielleicht, daß es nützlich war, den Netzspieler zu ermahnen, von der Mitte wegzubleiben und sich nicht in Ihren nächsten Punkt einzumischen. Sie hätten dann aber ohnehin weit an ihm vorbei müssen, und zwischenzeitlich haben Sie den Punkt verloren.
Wenn das ein Spielpunkt *gegen* Sie war, dann war es eine komplette Verschwendung, denn vier Spiele danach hat der Netzspieler wohl Ihre Ermahnung vergessen; außerdem ist der Satz bis dahin vielleicht auch schon vorbei. Wäre es ein Spielpunkt *für* Sie gewesen, dann hätte Ihre Seite vielleicht den Aufschlag-Durchbruch verloren. War der Spielstand 30:15 oder 15:30, wie es oft vorkommt, dann liegen Sie entweder zwei Spielpunkte hinten, oder Sie haben die Chance verloren, zwei Punkte vorne zu liegen. Es sieht so aus, als kämen Sie nie zur Ruhe; Sie können keinen „Urlaub" machen. Das ist ein Teil Ihrer Aufgabe im linken Spielfeld.

Die Aufgabe im linken Spielfeld

Bei Doppel-Paaren gibt es keinen Mannschaftskapitän, höchstens manchmal zum Spaß. Am ehesten entspricht ihm der Spieler im linken Spielfeld. Da sollten Sie der Anker sein, der Mann, der die Festung hält, wenn Ihre Seite um einen Punkt zurückliegt, und der, der den Doppel-Vorteilpunkt herausholt oder das Spiel entscheidet, wenn Sie vorne liegen. Übernehmen Sie diese Verantwortung und sind Sie sich ihrer immer bewußt, wird Ihre Seite ein viel schwieriger zu schlagendes Paar sein, was Ihnen sehr hilft, ein schwächeres Paar mit Sicherheit zu schlagen. Es ist klar, daß Sie die Verantwortung im linken Spielfeld besser übernehmen können: Natürliche Richtung bei der Rückhand; gegenüber von Ihrer Vorhand kein Netzspieler; Ihr Vorhand-Flugball, mit dem Sie den größten Teil der Mitte decken oder angreifen können; Ihr Vorhand-Schmetterball, mit dem Sie fast alle Überkopfbälle in der Mitte abfangen können. Es ist also kein Wunder, daß der stärkere Spieler gewöhnlich das linke Spielfeld übernimmt.

Nimmt Ihr Partner, obwohl er der stärkere Spieler ist, das rechte Spielfeld, weil er sich darauf spezialisiert hat, dann sollten Sie trotzdem verantwortungsvolles Tennis im linken Spielfeld spielen. Sie müssen zum Beispiel immer noch die Überkopfbälle in der Mitte abdecken. Jedoch ist es der Normalfall, daß Sie als der stärkere Spieler im linken Spielfeld spielen.

Ihr wichtigster, wenn auch vielleicht nicht Ihr bester Schlag ist dabei Ihr Aufschlag-Return. Ihr Return ist gut, wenn Sie damit den vorlaufenden Aufschläger zu einem Flugball unterhalb der Netzhöhe zwingen können, während Sie Ihr Gleichgewicht bewahren und an das Netz folgen. Auf den ersten Blick scheint das Spielniveau nicht hoch genug für Sie zu sein, aber nach einiger Überlegung werden Sie als Anker im linken Spielfeld damit übereinstimmen, daß dies die Grundlage für einen sicheren Sieg über ein schwächeres Paar ist. Solange Sie niedrige Returns bringen, an das Netz folgen und der Aufschläger seine Flugbälle nach oben schlagen muß, müßten Sie eigentlich auch gewinnen. Deshalb ist es nicht Ihre Rolle, unnötige Risiken auf sich zu nehmen, indem Sie Ihren härtesten Ball schlagen oder einen geschnittenen extrem niedrig über das Netz oder mit übermäßig viel Gefühl oder einen Ball extrem im Steigen nehmen oder Ihre geschnittene Rückhand im weitest möglichen Winkel auf die Seitenlinie selbst spielen oder einen Rückhand-Topspin mit weitem Ausschwung schlagen wollen, den sauber auszuführen Sie nicht genug Zeit haben.

Treffen Sie all diese Schläge in das Spielfeld, dann kann das zwar nicht Glückspiel genannt werden, es ist jedoch eine Glücksspiel-Einstellung. Es macht Sie zu einem unsicheren Paar, durch jede Störung gefährdet.

Akzeptieren Sie Ihre Chefrolle im linken Spielfeld, dann lautet Ihr Grundsatz: „Genug ist genug." Das heißt aber *nicht,* daß Sie nicht angreifen. Sie tun das bereits, wenn Sie einen so guten Return bringen, daß Sie ihm ans Netz folgen können; halbherzig ist das nicht möglich und nicht, wenn Sie zurückhängen. Steigern die Gegner ihr Spiel, dann tun Sie das auch.

Die im linken Spielfeld übernommene Verantwortung trägt man bis zum Schluß. Nehmen wir an, Sie haben die Hauptlast des Spieles getragen, aber Ihre Gegner schlagen im entscheidenden Spiel des Matches auf, Ihre Seite schafft jedoch einen Spielball zum Aufschlag-Durchbruch. Sie zwingen den Aufschläger zu einem schwachen Flugball, aber Ihr Partner verdirbt alles; bei Einstand verliert er seine Nerven und schlägt den zweiten Aufschlag wild zurück, obwohl er ihn sicher spielen und Ihnen damit eine Chance hätte geben können. Der Gegner hat jetzt einen Matchball. Schlagen Sie ja nicht wild nach dem nächsten Aufschlag, um danach an das Netz zu rennen und zornerfüllt in der Niederlage dem Gegner die Hand zu schütteln. Es lag an Ihrem Partner, er hat den Fehler gemacht. Stecken Sie sich ein hohes Ziel. Es reicht nicht aus, ein Mittelstreckler zu sein. Ein Steher muß man sein!

Einen Blick für das Spiel

Auf dem Programm stand ein Match zwischen einem großen, hart spielenden Paar und einem sehr bekannten, großen, hart spielenden Paar. Ein unerfahrener Freund kam mit, um zuzuschauen und um etwas dabei zu lernen. Er setzte sich der Spielfeldmitte gegenüber, um von da aus beide Seiten gleich gut sehen zu können. Er ließ sich auf Spielfeldhöhe nieder, um so nah wie möglich bei den Spielern zu sein, denn er wollte ihre Schläge studieren.
In seinen Augen schienen alle vier Spieler unheimliche Aufschläge zu haben, und sie hätten bestimmt ein As um das andere geschlagen, wenn nicht ein paar daneben gegangen wären. Es gab schnelle Returns, plazierte Flugbälle, einige Lobs, die den Gegner stehenließen, und einige rasante Schmetterbälle zu sehen. Schon bald hatte das sehr bekannte Paar das Match mit 6:2, 6:2 gewonnen, also im Verhältnis von zwölf zu vier Spielen. Aber unser Freund hatte noch keine Erklärung, warum. Die beiden Paare sahen gleich aus. Er bemerkte bei den vier Spielern keinen Unterschied – weder körperlich noch in den Schlägen, alle brachten harte Schläge, alle sahen gleich gut aus. Er hat noch keinen Blick für das Spiel, entsprechend wird er wohl auch spielen.
Sie sollten einem Match von einem Ende des Platzes und von oben zuschauen, um den Ball aus der ähnlichen Perspektive, wie sie die Spieler haben, zu sehen. Von da aus sieht das Spielfeld beim Doppel nicht so unübersichtlich aus. Hätten Sie da den atemberaubenden Beinahe-Assen des gerade beschriebenen Matches zugeschaut, dann hätten Sie auch gesehen, wie harmlos weit im „Aus“ sie waren und daß sie meistens vom schwächeren Paar kamen.

Für Sie hätte, wie für die Spieler, der Ball langsamer und leichter spielbar ausgesehen. Die schnellen Returns, die unser Freund sah, wurden überwiegend vom besseren Paar, und zwar mit der Vorhand des Spielers im rechten Spielfeld, gebracht. Das war nur möglich, weil das schwächere Paar nicht mit Mittellinien-Aufschlägen seine Rückhand angegriffen hat. Der Spieler im rechten Feld hat wahrscheinlich auch die Lobs gebracht – über die Rückhandseite des zu dicht am Netz stehenden Netzspielers. Der stärkere Spieler im linken Spielfeld war weitaus zuverlässiger mit seinen Aufschlag-Returns als sein Gegenüber. Das schwächere Paar ist zwar einwandfrei seinem Aufschlag an das Netz gefolgt, aber das bessere Paar ist nicht nur seinen Aufschlägen, sondern auch seinen Returns an das Netz gefolgt. Das schwächere Paar spielte einen Flugball meistens nach oben, während das stärkere ihn nach unten schlug. Und so weiter und so fort.
Können Sie als Netzspiel-Doppel-Spieler das Doppel in diesem Licht sehen, können Sie es auch so spielen. Dann ist es unwahrscheinlich, daß Sie von einem hart spielenden Paar überrascht und vom Platz gefegt werden.

Und noch ein ungewöhnlicher Spieler

Nach all den orthodoxen Aufstellungen und dem kühnen Spiel im rechten Feld, einem zuverlässigen Spiel im linken Feld sowie hartem Spielen und linkshändigem Spielen und was es sonst noch alles gibt – nach alledem kommt wieder so ein sonderbarer Bursche mit einem langsamen Aufschlag und einem gestoßenen Flugball daher und frustriert Sie ganz und gar. Er gewinnt mühelos alle seine Aufschlagspiele. Warum? Weil er seinen Flugball immer nach unten schlägt. Wie kommt es dazu? Weil er immer irgendwie am und über dem Netz ist.
Vielleicht sind Sie ihm schon einmal begegnet. Vielleicht war es ein „oldtimer“ mit Western-Griff*, der eine Menge seiner Vorhand-Flugbälle vor seinem Gesicht schlägt und seine Rückhand-Flugbälle mit gleicher Kraft stößt. Er hat hoch und langsam über das Netz und lang aufgeschlagen, dann war er wie ein Blitz dicht am Netz und hat die Flugbälle nach unten gestoßen. Das ist ein Mann, der Ihnen beim Einzel wohl kaum Schwierigkeiten macht, weil seine Reichweite dabei

*Beim „Western-Griff“ wird der Schläger wie eine Bratpfanne oder ein Teppichklopfer gehalten. Rückhand: Schlägerkopf umkippen und mit der gleichen Seite des Schlägers wie für die Vorhand schlagen.

zu gering ist. Aber hier im Doppel schafft er alles mit Taktik und ohne Schläge, ausgenommen der gestoßenen Flugbälle, mit denen er seine Aufschlagspiele durchbringt und Sie – wer weiß – möglicherweise damit überrascht. Seine bewundernden Mannschaftskameraden am Spielfeldrand schmunzeln über Ihr Unbehagen. Sobald Sie die Seiten wechseln, erzählen sie beiläufig: „Old Jim, weißt Du, schlägt jedes Jahr höher und langsamer auf und geht schneller an das Netz. Eines Tages wird er schon am Netz sein, sein Aufschlag kommt hinterher und trifft ihn am Hinterkopf."

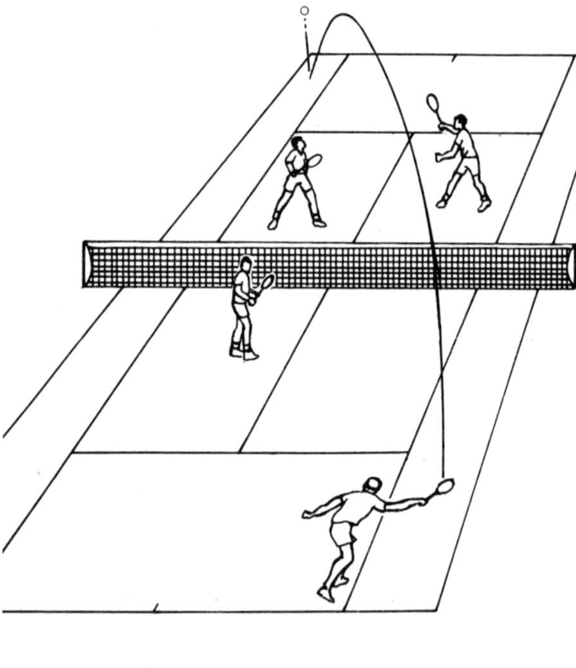

Abb. 37. Sollten Sie die Lösung dieses Problems nicht kennen? Wenn ein Aufschläger so weit nach vorne kommt, daß er alle Cross-Bälle abblocken kann, ist das immer zu weit. Lobben Sie stark über seinen Kopf in die entferntere Ecke – und nicht über den Netzspieler. Im Einzel würden Sie ohne Bedenken über eine zu nahe Netzposition lobben. Im Doppel assoziieren Sie das Hochspielen eines Aufschlag-Returns mit einem Lob über den Netzspieler Bei dem Versuch, den Aufschläger zu passieren oder auf seine Füße zu spielen, wollen Sie den Aufschlag mehr und mehr im Steigen nehmen, um den Aufschläger mit einem Schlag auszuspielen. Bei einem plötzlichen Wechsel zu einem Lob über den Netzspieler würden Sie sich übereilen – außerdem wartet dieser sowieso schon auf Sie. Erkennen Sie das schnell, und bewahren Sie sich vor Schwierigkeiten.

Nachdem Sie glauben, an Old Jim nicht vorbeizukommen, weil er so weit vorne ist, wodurch er jeden möglichen Cross-Winkel blockiert hat, versuchen Sie, ihn zu überlobben. Unmöglich; er hat seinen Netzpartner beauftragt, dieses Geschäft zu übernehmen! Frisch und munter hüpft dieser Netzpartner nach hinten und schickt Ihre Lobs zurück; er verschlägt keinen, denn er ist die einzige Sorte von Netzpartnern, mit denen Old Jim spielt.
Es gibt natürlich eine Lösung, sonst wäre Jims Methode auf der ganzen Welt die Standard-Ausführung. Sollten Sie die Lösung nicht schon kennen, dann schauen Sie sich Abb. 37 an. Bringen Sie starke Lobs über Jims Kopf!

6. Das Netzspiel – eine ernste Angelegenheit

Wenn wir in die fortgeschrittene Klasse des Netzspiel-Doppels aufrücken, bei der die Taktiken und Schläge beider sich gegenüberstehender Paare einwandfrei sind, dann müssen wir bei der Tandem-Aufstellung anfangen. Viele Spieler von hoher Spielklasse sind mit der Tandem-Aufstellung nicht vertraut. Das hat zur Folge, daß sie sie nur widerwillig und auf sehr unvernünftige Weise spielen, um damit ihrem Partner einen Gefallen zu erweisen. Bei der Überprüfung und Entwicklung wollen wir vom Standpunkt eines Linkshänders ausgehen, der gegen diese Aufstellung spielt. Die aufschlagenden Gegner sind Netzspiel-Spieler.

Linkshänder gegen Tandem-Aufstellung

Nehmen wir von Ihnen an, daß Sie der Typ von Linkshänder sind, der ein gewöhnlich orthodoxes Paar veranlaßt, auf die Tandem-Aufstellung zurückzugreifen. Sie haben einen starken Cross-Topspin-Vorhand-Drive, der einen vorlaufenden Aufschläger schwer in Verlegenheit bringt. Auf Ihre Rückhand aufzuschlagen ist schwierig, es sei denn, der Aufschläger riskiert es von der Nähe des Mittelzeichens aus. Ihre Rückhand ist ein schwacher Schlag mit Einwärtsdrall, den Sie am liebsten auf die Außenlinie schlagen. Sie haben gut gespielt; Sie haben dem vorlaufenden Aufschläger eine Reihe von Halb-Flugbällen geschickt. Nun wagen Ihre Gegner den Sprung ins kalte Wasser und versuchen, in der Tandem-Aufstellung gegen Sie zu spielen.
Plötzlich in der Tandem-Aufstellung zu spielen, ohne ausreichende vorherige Übung, ist gewöhnlich ein Fehlschlag. Geschieht das, dann führt das meistens zu Punktverlusten, ebenso fällt das Aufschläger-Paar zurück, und Sie rücken auf.
Sie können auf Anhieb sehen, ob sich einer der Spieler nicht ganz sicher ist, was er zu tun hat; sein Partner muß ihm immer ein paar Anweisungen geben. Gewöhnlich ist es der Aufschläger, der die Tandem-Aufstellung wünscht, daher weiß der Netzspieler im allgemeinen nicht genau, wo er stehen und was er tun soll. Manchmal ist es umgekehrt, dann ist der Netzspieler der stärkere Spieler und versucht, seinem schwächeren Partner zu helfen, den Aufschlag durchzubringen. Wer

immer auch der unsichere Spieler ist, bringen Sie Ihren nächsten Aufschlag-Return auf seine Seite.
Handelt es sich um den Netzspieler, der vielleicht nicht nahe genug bei der Mitte steht, um sie abdecken zu können, dann können Sie den Ball durch die Mitte schlagen (siehe Abb. 8 auf Seite 29). Stellen Sie sich dabei vor, daß der Aufschläger seinem Aufschlag an das Netz gefolgt ist.
Stellt er sich in der Nähe der Mitte auf, die er auf Anweisung abdecken soll, dann wird er sich wahrscheinlich so darauf konzentrieren und Sie mit einer ausgezeichneten Gelegenheit beschenken, über seine Rückhandseite zu lobben. Das nächste Mal steht er etwas weiter hinten, um beides, die Mitte und die Überkopfbälle, abzudecken; aber in dem

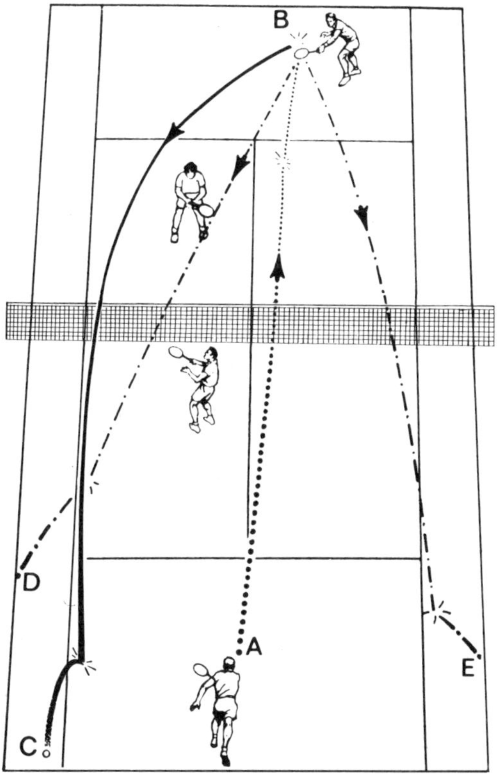

Abb. 38. Linkshänder verunsichert Tandem: Gegen einen unsicheren Netzspieler: Wenn der Netzspieler in der Nähe der Mitte steht, spielen Sie BC. Steht er das nächste Mal weiter hinten, um beides, die Mitte und Überkopf, zu decken, spielen Sie BD. Der Aufschlag ging wohl auf Ihre schwächere (Rückhand-) Seite, aber in beiden Fällen spielen Sie in Ihrer gewohnten und bevorzugten Richtung, nämlich nach rechts. Ihr Lob BC geht über die Rückhandseite des Netzspielers, also ein weiterer Vorteil.
Gegen einen unsicheren Aufschläger: Spielen Sie einen Schlag wie BE. Er ist nicht in Ihrer bevorzugten Richtung, deshalb sollten Sie mehr auf Sicherheit achten, statt zuviel zu wagen und dabei einen Fehler zu riskieren.

Moment, wo er zurückgeht, öffnet er die linke Seite des Spielfeldes, so daß Sie einen kurzen, niedrigen Schlag dorthin ziehen können. Zu diesem Schlag und Ihrem Lob siehe Abb. 38.
Ist der Aufschläger der unsichere Spieler, dann ist es ziemlich klar, daß er nur langsam den Platz zu seiner „falschen Seite" überquert. Spielen Sie BE in Abb. 38.
Ein Paar, das zuerst die Tandem-Aufstellung durchsprechen mußte und sich dann danach richtet und Punkte verliert, gibt es auf, oft schon nach dem ersten Punkt.

Linkshänder gegen Tandem-Kenner (-Könner)

Wir gehen immer noch davon aus, daß Sie ein Linkshänder sind und gegen aufschlagende Netzspiel-Gegner spielen, nur daß diese sich jetzt gut auskennen und sich in ihre richtigen Tandem-Positionen begeben. Der Aufschläger geht direkt zum Mittelzeichen, um Ihre Rückhand anzugreifen und so nah wie möglich an der „falschen" Platzhälfte zu sein, die er abdecken muß. Verglichen mit seiner früheren Position in der orthodoxen Aufstellung steht nun der Netzspieler näher bei der Mitte und weiter hinten. Diese Positionen sind denen in Abb. 38 ähnlich.
Nun, wenn wir den Netzspieler betrachten, dann sieht man den himmelweiten Unterschied zwischen einem Spieler, der sprungbereit ist, die Mitte, Überkopfbälle und die Seitenlinie zu decken, und einem Spieler, dem eingepaukt werden muß, sich da aufzustellen, wo es sein Partner für richtig hält. Jetzt sind sie bereit aufzuschlagen.
Gewöhnlich ist es eine schlechte Taktik, wenn Sie einen Netzspieler in guter Stellung und bereit, Flugball oder Schmetterball zu spielen, angreifen. Sie sollten daher Ihren Angriff gegen den vorlaufenden Aufschläger richten. Sie sollten es als Angriff betrachten, denn die Position eines Tandem-Aufschlägers ist auf keinen Fall undurchdringlich, eher unbequem. Ein vorlaufender Tandem-Aufschläger muß einen etwas diagonalen Weg einschlagen, um an das Netz aufzurücken, anstatt einfach in etwa der Fluglinie seines Aufschlages an das Netz zu folgen. Er ist auch vergleichsweise „offen". Sein Netzpartner ist auf der anderen Spielfeldseite und nicht Ihnen gegenüber. Bei der üblichen Aufstellung mußten Sie den Netzspieler umgehen. Aber hier haben Sie nun freies Feld vor sich – das heißt, es ist so lange frei, bis der diagonal vorlaufende Aufschläger es ausfüllt. Dennoch kann er das Netz nicht in dem Umfang decken, wie es ein orthodoxer Spieler tut. Aufgrund

dieser Tatsache kann er nicht so nahe an das Netz aufrücken, wie dies beim Aufrücken in Flugbahnrichtung möglich ist. Ihr eigener Netzpartner kann jedoch eher einen Tandem-Aufschläger bedrohen als einen orthodoxen. Denn er kann es sich leisten, näher am Netz zu stehen, ohne dabei seine Seitenlinie zu exponieren, weil der Tandem-Aufschläger von der ihm diagonal gegenüberliegenden und nicht der direkt gegenüberliegenden Seite spielt. Ihr Partner sollte ungefähr direkt dem Netzspieler des Tandem-Aufschlägers gegenüberstehen, aber näher am Netz, um aggressiver spielen zu können, da er nicht im selben Maß mit Lobs bedroht werden kann.
Spielt sich ein erfahrenes Paar wirkungsvoll in seinen richtigen Tandem-Positionen gegen Sie ein, dann ist das kein Grund zur Aufregung. Statt dessen sollten beide, Sie und Ihr Partner, bereit zum Angriff sein, indem Sie sich der potentiellen Schwierigkeiten, die der Tandem-Aufschläger auf dieser offenen, „falschen" Seite hat, bewußt sind.
Nun zu Ihrem Aufschlag-Return als linkshändiger Rückschläger. Der Aufschläger schlägt in die Mitte auf. Sie *müssen* nicht den wirkungsvollen Schlag, wie BD in Abb. 27 auf Seite 75 zeigt, versuchen. Es ist die falsche Richtung für Ihre Einwärtsdrall-Rückhand. Scheint ein solcher Ball von Ihnen immer hochzutreiben, so daß er mühelos als Flugball erreichbar ist oder über die Seitenlinie hinausgetrieben wird, dann spielen Sie ihn nicht. Statt dessen sollten Sie, solange der Aufschläger auf seine „falsche" Seite wechselt, dahin zielen, wo er ihn als niedrigen Rückhand-Flugball nehmen muß, oder auf seine Füße. Das ist eine natürlichere Richtung für Sie und ermöglicht Ihnen eine bessere Ball-Kontrolle. Spielen Sie Ihren Schlag ruhig (Sie haben keinen Netzspieler vor sich, der eingreift, und Sie müssen nicht mit dem ersten Schlag den Punkt machen) und halten Sie den Ball niedrig genug, dann haben Sie die Genugtuung, den Aufschläger wieder zu einem Rückhand-Halb-Flugball gezwungen zu haben, mit dem er fertig werden muß. Bringt er ihn nur zögernd, dann steht Ihr Partner so günstig, daß er aus allem, was hoch und schwach kommt, seinen Vorteil zieht.
Beim nächsten Punkt entschließt sich der Aufschläger vielleicht, weit auf Ihre Vorhand aufzuschlagen. Er rechnet damit, daß Ihre beste Vorhand cross gezogen ist und deshalb gut in seine Reichweite kommt; Ihren Return könnte er bequem als ersten Flugball lang auf Ihre exponierte Rückhand bringen und dann vorrücken, um seine Barriere zu bilden. So sieht seine Überlegung aus.
Versuchen Sie nun nicht, den Ball außerhalb seiner Reichweite zu schlagen, indem Sie Ihre Vorhand nach außen ziehen, wenn Sie das nicht sicher beherrschen. Sie schlagen sie wahrscheinlich entweder zu

hoch oder der Ball wird über die Seitenlinie hinausgetragen – oder beides. Fahren Sie statt dessen fort, Ihre spezielle, außen getroffene, schnelle Topspin-Cross-Vorhand zu schlagen. Wenn Sie aber außerhalb der Doppel-Seitenlinie schlagen müssen, dann schlagen Sie so, daß der Ball während des Fluges über dem Netzbereich außerhalb dieser Seitenlinie und vom Aufschläger weit entfernt ist. Lassen Sie Ihren Außenseiten-Ball-Kontakt als Sicherheitsmaßnahme auf das Einkurven des Balles in das Spielfeld einwirken. Siehe Abb. 36 auf Seite 97 wo dies ein Linkshänder mit seiner Rückhand ausführt. Das ist für Sie ein natürlicher Schlag, der somit schneller und sicherer ist, als das Schieben des Balles bei dem Versuch, ihn am Aufschläger vorbeizulenken.
Schlägt der Aufschläger direkt auf Sie zu, spielen Sie lieber eine Vorhand statt einer defensiven Rückhand zurück und versuchen Sie, sich dadurch außer Gefahr zu halten. Zielen Sie mit viel Topspin und nieder auf seine Rückhandseite.
Kurz, versuchen Sie immer „Tandem gegen Linkshänder" in „Linkshänder gegen Tandem" umzuwandeln. Sind Sie Linkshänder und ein guter Doppel-Spieler, dann kann Sie eine künstliche Aufstellung, wie Tandem, nicht erschüttern.
Als letzter Gesichtspunkt wäre noch anzuführen, daß ein wirklich gutes Paar nicht ständig in der Tandem-Aufstellung gegen Sie spielt, damit Sie nicht in die glückliche Situation versetzt werden, keinen Netzspieler gegenüber zu haben, der Ihre Aufschlag-Returns erschwert. Der Wechsel eines solchen Paares von einer Aufstellung in die andere und umgekehrt würde Sie sicher aus der Fassung bringen, wenn Sie einmal natürliche und in der nächsten Minute wieder unnatürliche Schläge spielen müßten. Die oben vorgeschlagenen Returns ermöglichen es Ihnen, jederzeit auf natürliche Weise zu spielen, nämlich mit Ihrer Vorhand cross und mit Ihrer unterschnittenen Rückhand auf Ihrer Außenseite.

Tandem-Schere

Der ungläubige Thomas könnte einwenden, daß die vorherige Diskussion sinnlos war, wenn ein Tandem-Paar schert, d.h. die Seiten wechselt, solange das Spiel im Gang ist. Aber warum sollte er sich nur bei der Tandem-Aufstellung darüber beklagen? Genauso kann ein Paar in orthodoxer Aufstellung aufschlagen und dann überwechseln.
Der Seitenwechsel hat dann Erfolg, wenn er ein Überraschungszug ist und der Aufschlag-Return schwach kommt.

Beim allgemein üblichen Spiel gegen die normale Return-Klasse, der man im Netzspiel-Tennis begegnet, wird das Flugballspiel des Aufschläger-Paares behindert, wenn es versucht, Flugball mitten im Überwechseln zu spielen. Es muß wohl so sein, sonst würde das Scheren ständig von Tennismeistern benutzt werden. Probieren Sie es trotzdem einmal selbst aus.

Überblick über das Netzspiel-Doppel

Die Grundlage Ihrer Netzspiel-Taktiken ist die Bildung einer Netzbarriere. Das führt zu einer Kraftprobe zwischen Ihren Flugbällen und Schmetterbällen und den Grundlinienschlägen und Lobs Ihrer Gegner. Ergebnisse zeigten, daß Flugbälle und Schmetterbälle meistens zum Punktgewinn führen. So bleibt nur noch die Frage, wie Sie Ihre Netzbarriere bilden.

Das Aufschlagen

Beim Aufschlagen stellt sich ein Spieler am Netz auf, um die Seitenlinie und Überkopfbälle zu decken und gleichfalls die Mitte zu schützen. Der Aufschläger vervollständigt die Barriere in zwei Etappen, indem er zur Erhaltung des Gleichgewichts mehr oder weniger abstoppt, bevor er seinen ersten Flugball bringt – und zwar, wenn er kann, von innerhalb der Aufschlaglinie –, und danach weiter aufrückt.
Bei einem Netzspiel mit niedrigem Spielniveau deckt der Netzspieler gewöhnlich die Seitenlinie, vernachlässigt aber seine anderen beiden Verpflichtungen. Er schmettert Lobs innerhalb der Reichweite der Gegner, und sein Spiel in der Mitte besteht hauptsächlich daraus, daß er ab und zu Bälle abfängt. Er steht dicht am Netz. Er kassiert, wenn sein Partner gut aufschlägt, wenn nicht, dann bietet er ihm wenig Unterstützung.
Der Aufschläger hat gewöhnlich einen guten, harten Aufschlag, wie könnte er sonst auch Netzspiel spielen, wo er doch kaum eine Ahnung von dessen Taktiken hat. Er neigt dazu, an das Netz zu stürmen. Er ist, wie sein Partner, bei den Punkten gut, bei denen er gut aufgeschlagen hat. Hat der Rückschläger die Kontrolle über den Ball seines Returns, dann ist das Aufschläger-Paar verwundbar.
Der Netzspieler einer höheren Spielklasse erkennt seine Schlüsselrolle beim Decken der Seitenlinie, der Überkopfbälle und der Mitte. Um sie

zu erfüllen, bedient er sich einer angemessenen Netzposition. Der Aufschläger verbindet seine Aufschlagbewegung mit dem Aufrücken an das Netz. Schon beim Aufschlagen plant er einen ersten bequemen Flugball. Er bringt viele erste Aufschläge in das Spiel. Die beiden Spieler gewinnen zusammen als Paar ihre Aufschlagspiele. Sie sind wie eine Mauer für schwächere und eine harte Nuß für bessere Paare. Ihre Netzbarriere wird selten durchbrochen; vom ersten bis zum letzten Augenblick des Ballwechsels deckt jeder Spieler seine eigenen Überkopfbälle und wird kaum überlobbt.
Dies sind die grundlegenden Taktiken für das Aufschlagen im Netzspiel. Wenn Sie regelmäßig mit dem gleichen Partner spielen, so werden Sie selbst noch einiges dazufügen. Passen Sie aber dabei auf und achten Sie darauf, daß die Nebenwirkungen nicht deren Grundstrukturen beeinträchtigen. Wird zum Beispiel einer von Ihnen unerwartet überlobbt, dann dürfte es wohl für den anderen Partner leichter sein, eine halbe Umdrehung zu machen und diagonal nach dem Ball zu laufen, als für den schuldigen Partner, der dazu eine ganze Drehung machen und direkt nach hinten laufen muß. Sie sollten diese Art abzudecken gelegentlich in äußersten Notfällen anwenden. Machen Sie es aber zu Ihrer normalen Methode, dann hat das praktisch den Nebeneffekt, daß Sie beide öfter überlobbt werden, und das wäre ein Verlust der Netzposition.
Ein anderes Beispiel ist das Zeichen geben. Das scheint vielleicht der Gipfel einer raffinierten Kombination, in der Praxis ist ihr Wert aber zweifelhaft. Der Gedanke ist der, daß der Netzspieler signalisiert, wie und wohin aufgeschlagen werden soll, damit er überraschend dazwischengehen kann. Aber wozu sich mit dieser Pantomime herumplagen, wenn Sie Ihrem Aufschlagpartner genauso gut zuflüstern können: „Nimm ihn direkt und wechsle über!" oder was es immer sein mag. Einem Aufschläger, der nichts mehr erwidern kann, in letzter Minute Zeichen zu geben, ist sehr gefährlich. Sie geben Ihrem Aufschlagpartner die Art und Weise an, wie er aufschlagen soll, während er bereits eine andere Art geplant hat. Vereinbarungen im voraus bedeuten Festlegungen im voraus, und stimmt nicht alles genau überein, dann wird Ihre Aufstellung zum Schlachtfeld.

Die Bestätigung von oben

Erledigen wir zuerst die Angelegenheit mit den Zeichen. Weltmeister-Paare spielen kein festgelegtes Tennis. Andererseits spielen sie aber

auch kein Zufalls-Tennis, bei dem sie sich nur auf ihre vernichtenden Schläge verlassen. Grundsätzlich spielen sie die schachähnlichen Taktiken, die in Abb. 24 auf Seite 71 dargestellt sind. Von da aus führt der Weg zum brillanten Spiel. Sind Ihre Taktiken voll entwickelt, ist der nächste Fortschritt durch Ihre Schläge zu erreichen.
Wie jedermann weiß, steigern bessere Schläge die Spielqualität im Doppel, aber gleichzeitig unterstützen sie Sie auch in Ihren Taktiken. Nehmen wir beispielsweise die Aufschläge eines Spitzenspielers, dessen Asse so bedrohlich weit außen auf die Vorhand des Rückschlägers kommen, daß dieser sich nur davor schützen kann, wenn er seine Rückhandseite exponiert – und das mehr, als ihm lieb ist. Ist dem so, dann werden Sie sehen, daß ein Aufschlag nach dem anderen auf die Rückhand kommt und der Aufschläger fast alle seine ersten Flugbälle nach Rückhand-Returns spielt. Es mag sein, daß das die besten Schläge des Rückschlägers sind, trotzdem sind sie um einige Grade weniger gefährlich als seine Vorhand. Der Spitzenspieler rühmt sich, Tennis nach der Erfolgswahrscheinlichkeit zu spielen, deswegen zieht er es vor, einen ersten Flugball zu spielen und von da an das Spiel zu kontrollieren. Diese Taktik müssen Sie sich zu eigen machen. Er führt sie mittels eines stärkeren Aufschlages besser durch.
Wir haben uns hauptsächlich auf die ersten Aufschläge, auf das eindrucksvolle große Geschütz bezogen, aber Sie haben mit diesem Schlag vielleicht schon die Grenze erreicht. Man muß der Ansicht vieler guter Tennis-Kenner beipflichten, daß der größte Unterschied zwischen der Spielstärke eines Spielers und der eines Spitzenspielers im zweiten Aufschlag liegt. Es steht in Ihrer Macht, Ihren eigenen zweiten Aufschlag zu verbessern.
Natürlich liegt es nicht nur am Aufschlag. Das Aufrücken des Spitzenspielers ist schnell und koordiniert. Seine ganzen ersten Flugbälle sehen so einfach aus, selbst seine Halb-Flugbälle. Wie das gemacht wird, können Sie am besten auf dem Platz beobachten oder im Fernsehen, wenn Sie besonders diesen Teil des Spiels verfolgen. Können Sie Tennis richtig sehen, dann können Sie in ähnlicher Weise spielen.
Wenden wir uns nun nach den Schlägen der Spitzenspieler ihrer Position und ihren Reflexen zu. Sie werden feststellen, daß der Netzspieler im Weltklasse-Doppel gewöhnlich weit von der Außenlinie entfernt steht, um die Mitte decken zu können; er steht aber näher am Netz, als wir es vertreten haben. Von da aus spielt er aggressiveren Flugball. Er gleicht die geringe Zeit, die er für seinen Schlag zur Verfügung hat, durch schnelle Reaktion wieder aus. Seine „zu dichte" Netzposition erweckt den Eindruck leichter Verwundbarkeit gegenüber guten Lobs,

aber auch das macht er wiederum durch seine schnelle Reaktion wett. Netzspieler in sämtlichen Spielstärken des Netzspiel-Doppels müssen ihre eigenen Lobs decken; sie können sich aufstellen, wo sie wollen, aber sie müssen sie decken.
Verstehen Sie den letzten Abschnitt nicht falsch. Wenn ein Spitzenklassen-Netzspieler überlobbt wird, dann steht er genauso schlecht da wie jeder andere auch.
Wie ein Blitz ist er hinten und hebt den Ball zum Himmel, um so viel Zeit wie möglich zu gewinnen, oder er macht beim Wenden einen wunderbaren Drive. Er spielt aber gegen eines der besten Netzspieler-Paare der Welt. Die Chancen sind gering, seinen anfänglichen Fehler wiedergutzumachen. Das sind Dinge, aus denen ein Aufschlag-Durchbruch besteht; die Klasse der Besetzung spielt keine Rolle dabei.
Sehen wir die stark seitliche Position zur Mitte, die der Netzspieler hat, in Verbindung mit schnellen Reflexen, dann gibt es zwei ineinandergreifende Gründe dafür. Erstens spielen Spitzenklasse-Rückschläger ihre Returns nach der Erfolgswahrscheinlichkeit, was bedeutet, daß sie den bereits dastehenden Netzspieler außer acht lassen und konsequent den viel leichter verwundbaren Aufschläger angreifen. Zweitens und ergänzend – da es die Rückschläger dem Netzspieler ermöglichen, seitlich zur Mitte zu stehen, tut er es bestimmt, um voll und ganz die Mitte zu decken und dadurch seinem Aufschlagpartner mit der Abwehr der Angriffe des Rückschlägers beizustehen. Die nähere und stark seitliche Netzposition kann auch ein gewöhnlicher Sterblicher einnehmen. Imitiert er sie aber blindlings, nur weil er einmal einen Spitzenspieler in dieser Position gesehen hat, dann wird er wahrscheinlich an der Seitenlinie passiert und überlobbt.
Wenn Sie Meister kritisch beobachten, dann stellen Sie fest, daß sie mehr Aufschläge verfehlen, als Sie es erwarten. Vielleicht erwarten wir zu viel! Sie wissen auch, daß ein Fehler nicht gleich einen Punkt kostet, daß ihr großes Geschütz ab und zu ein Risiko wert ist und daß sie einen guten zweiten Aufschlag in Reserve haben. Aber trotzdem sind Sie überrascht, daß sie mehr erste Bälle verschlagen, als es sich ein Aufschläger in einem hart geführten „hochklassigen" Netz-Doppel leisten kann.
Bedeutet das, daß wir schließlich eine Stelle gefunden haben, wo der Meister von den besten Taktiken der Spieler mit hohem Spielniveau abweicht? Nein, er tut es nicht. Im letzten Spiel eines hart umkämpften Matches können Sie verfolgen, wie das Aufschläger-Paar sich wieder ernsthaft an seine Aufgabe macht und die Angelegenheit damit beendet, daß es, um nicht angegriffen zu werden und um sicher die ersten

Flugbälle zu spielen, seine ersten Aufschläge sicher in das Spiel bringt.
Bedeutet das wohl, daß das Rückschlägerpaar damit rechnen und sich näher am Netz aufstellen kann, um besser angreifen zu können? Vielleicht, aber dann werden sie wieder mit Assen bestraft. Meister bleiben Meister!

Das Rückschlägerspiel

Das Thema lautet immer noch: Wie bilden Sie Ihre Netzbarriere. Sind Sie Rückschläger gegen die Aufstellung „ein Spieler vorne, ein Spieler hinten", dann können Sie nach Belieben eine Netzbarriere bilden. Gehen Sie gut hinter den Ball, damit Ihr Return sicher am Netzspieler vorbeikommt, und nehmen Sie den Ball nicht im Steigen. Sie folgen Ihrem Return an das Netz und schließen neben Ihrem Partner auf. Nur die schwierigen Aufschläge, die Sie aus dem Gleichgewicht bringen, können das Erreichen der Netzposition direkt nach dem Aufschlag-Return verhindern.
Betrachten Sie Ihren Return als einen Vorbereitungsschlag für das Vorgehen, dann werden Sie ihn auch wirksamer spielen. Gehen Sie einen Schritt weiter vor und betrachten Sie diesen Vorbereitungsschlag zusammen mit Ihrem ersten Flugball als ein Paar – und nicht als getrennte Schläge. Das führt zu besserem Vorlaufen an das Netz.
Mit großer Wahrscheinlichkeit müssen Sie einen ersten Flugball spielen, denn der zurückschlagende Aufschläger wird sich praktisch immer dafür entscheiden, Sie als vorlaufenden Rückschläger anzugreifen und nicht den bereits am Netz stehenden Partner. Wenn Sie immer wieder dieses Schlagpaar anwenden und Ihren Gegnern gelingt es nicht, Sie daran zu hindern, dann gewinnen Sie.
Gegen Netzspiel-Aufschläger mit wenig Erfahrung ist es nicht schwierig, eine Netzposition gegenüber deren Netzposition zu erlangen. Wann immer Sie mit einem Aufschlag so gut fertiggeworden sind, daß Sie den vorlaufenden Aufschläger dazu zwingen, seinen Flugball von unten nach oben zu schlagen, und Sie Ihr Gleichgewicht bewahrt haben, dann können Sie an das Netz folgen. Auch hier ist es zur Sicherheit wichtiger, gut hinter den Ball zu kommen, als ihn im Steigen zu nehmen. Sie können sogar manchmal ihre Netzbarriere durch das Überlobben eines unbedachten Netzspielers verdrängen.
Bei Netzspiel-Aufschlägern mit hohem Spielniveau dürfen Sie nicht mehr erwarten, daß Sie den Lob über den Netzspieler als Aufschlag-

Return verwenden können, denn dieses Schlupfloch hat er zugemacht. Für den Aufschläger gilt das gleiche. Sein Vorgehen und sein Flugballspiel sind zu gut für einen Aufschlag-Return als fallenden Ball geworden. Darauf ist ein Aufrücken an das Netz nicht mehr möglich. Wenn Sie bei harten Aufschlägen hinten stehenbleiben und einen fallenden Ball verschlagen, dann nimmt das zu viel Zeit in Anspruch, gleich wie stark Sie ihn schlagen. Bis dahin haben Ihre Gegner eine zu gute Stellung eingenommen, und nach dem ersten Flugball sieht ihre Netzbarriere undurchdringlich aus.
Um Ihre Netzbarriere zu bilden, ist es jetzt wichtig, daß Sie in den Ball „hineingehen" und ihn im Steigen nehmen. Zwischen Ihnen und dem

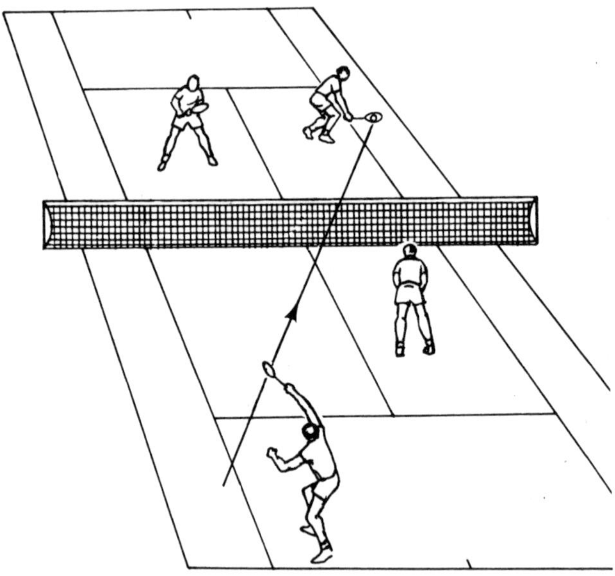

Abb. 39. Zweikampf um die Netzbarriere des Rückschlägers: Nachdem Sie den Aufschläger nicht daran hindern können vorzugehen, um seine Netzbarriere aufzubauen, entbrennt immer um Ihre Barriere ein Duell. Als Waffen haben Sie beide die Schläge (sein Aufschlag und Ihr im Steigen gespielter Return) und die Taktiken (beide spielen in der Absicht, in eine aggressivere Position vorzugehen). Sie haben beide Ihre taktischen Grenzen, wobei Sie Ihre verschlagenen Bälle außer acht lassen können. Er kann nicht auf einmal an das Netz vorstürmen, sondern muß auf halbem Weg seinen ersten Flugball spielen, und Sie können den Ball nicht zu früh nehmen.

Aufschläger entsteht ein Zweikampf um die Bildung Ihrer Netzbarriere. Auf beiden Seiten sind die taktischen Möglichkeiten begrenzt. Bevor er seinen ersten Flugball bringt, muß er erst, um standfest zu werden, sein Vorgehen mehr oder weniger abstoppen. Im Laufen kann er weder den Platz breit genug decken noch wirksamen Flugball spielen. Er kann nicht in einem Zug vorlaufen, sonst ist er zu nahe und bietet Ihnen die Möglichkeit, ihn zu überlobben. Ihr taktischen Grenzen bestehen darin, daß Sie beim Versuch, immer weiter in den Ball zu gehen und ihn immer früher im Steigen zu nehmen, um sofort den Punkt zu gewinnen, entweder anfangen, Bälle zu verschlagen, oder dem Aufschläger ermöglichen, Asse zu schlagen, weil Sie zu weit innen stehen (Abb. 39). Sie müssen Ihren Return außerdem niedrig halten, aber achten Sie darauf, daß Sie nicht in den Anfangsfehler zurückfallen, unnötigerweise Bälle in das Netz zu schlagen. Mit dem Topspin haben Sie hier die besten Möglichkeiten und mit Ihrer Vorhand haben Sie Zeit, ihn

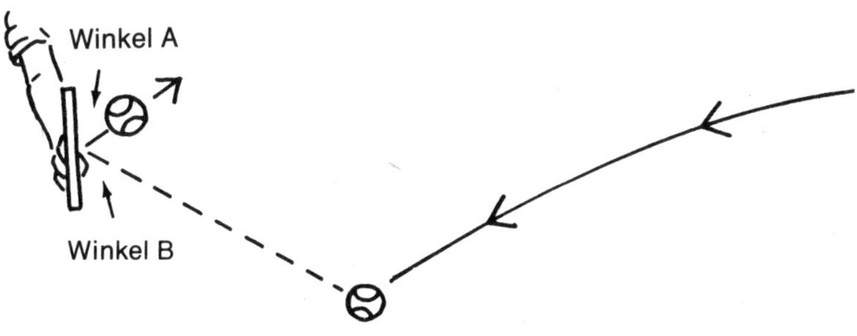

Abb. 40. Ballkontakt beim steigenden Ball: Spielen Sie bewußt mit geschlossener Schlägerfläche, d.h. drehen Sie die Schlägerfläche so, daß sie nach vorne unten zeigt, wenn Sie einen steigenden Ball spielen. Die einfache geometrische Darstellung zeigt die Auswirkung eines parallel zum Netz gehaltenen Schlägers. Dies gilt nur für einen Ball ohne Drall. Ein Topspinball rollt die Saiten hoch und springt höher vom Schläger ab, ein geschnittener niedriger.
Topspin: Wenn Sie hinter der Grundlinie einen Ball im Fallen als Topspin-Drive schlagen, trifft der Schläger die untere Ballhälfte, vielleicht direkt unterhalb der gedachten Halbierungslinie. Der Vorwärtsdrall (Topspin) entsteht durch das Hochziehen des Schlägers. Wenn Sie einen Aufschlag-Return im Steigen schlagen, trifft der Schläger die obere Ballhälfte, vielleicht direkt oberhalb der gedachten Halbierungslinie, und zwingt ihm einen Vorwärtsdrall auf. Je höher der Ball springt und je näher er am Netz ist, um so höher muß er oberhalb der gedachten Halbierungslinie (oder, wenn Sie wollen, um so weiter vorne) getroffen werden.
Anmerkung: Jeder, der schon steigende Bälle sicher nach eigenem Konzept spielt (zum Beispiel, indem er dabei das Gewicht früher als gewöhnlich nach vorne verlagert), sollte die Abbildung und deren Beschreibung vergessen. Es führen viele Wege nach Rom!

auszuführen. Wenn Sie nicht recht wissen, wie Sie den Schläger beim Spielen steigender Bälle nehmen müssen, weil der Ball nach oben und ohne Kontrolle fliegt, hilft Ihnen die Abb. 40.

Das ist alles recht und gut. Aber nun kommt der Augenblick, in dem der Aufschläger Sie keinen Vorhand-Return mehr spielen läßt und auf Ihre Rückhand aufschlägt, so daß Sie gerade noch Zeit zu einem Slice haben. Die wichtigste Eigenschaft eines geschnittenen Balles ist die Sicherheit, aber selbst diese Eigenschaft kann bei dem sich immer mehr zuspitzenden Zweikampf mit dem gegnerischen Aufschläger schwinden. Da er fast mühelos Ihren Slice als Flugball nehmen kann, versuchen Sie ihn immer niedriger oder mit immer mehr Gefühl zu spielen, so lange, bis Sie dadurch Fehler machen. Glauben Sie, daß Sie den aufsteigenden Ball aus Zeitmangel nur geschnitten zurückbringen können, insbesondere aus dem rechten Spielfeld, dann müssen Sie so weitermachen.

Wie dem auch sei, viele gute Spieler spielen Rückhand-Aufschlag-Returns im Steigen und mit Topspin sowohl im linken als auch im rechten Spielfeld. Wenn Sie zu diesen Spielern zählen wollen, dann helfen Ihnen vielleicht folgende Punkte.

Erstens ist es nicht unbedingt leichter, einen steigenden Ball zu schneiden, als ihn mit Topspin zu schlagen. Sie spielen vielleicht normalerweise einen langen Rückhand-Grundlinien-Drive mit Topspin und einen Aufschlag-Return im Steigen mit einer kürzeren, geschnittenen Rückhand. Beim sehr frühzeitigen Nehmen aber, wie das ein Rückhand-Halb-Flugball erfordert, benützen Sie oft Vorwärtsdrall und niemals Rückwärtsdrall. Sie mögen einwenden, daß es beim Halb-Flugball kein Ausholen gibt, da er seine eigene Wucht hat. Ihr Einwand führt aber direkt zum zweiten Punkt: Um einen Rückhand-Aufschlag-Return im Steigen zu spielen, müssen Sie nur sehr kurz ausholen. Mit dem gleichen (kurzen) Ausholen erzielen Sie mit Ihrer Rückhand mehr Geschwindigkeit als mit Ihrer Vorhand.

Normalerweise ist Ihre Vorhand Ihr härterer Schlag, das aber nur, weil Sie dabei länger Schwung holen. Eine Rückhandbewegung ist kräftiger; ihre Hebelwirkung ist größer. Wenn Sie Ihren im Steigen genommenen, mit kurzem Ausholen versehenen Topspin-Aufschlag-Return wie eine Großausgabe eines früh genommenen Rückhandschlages im Tischtennis betrachten, dann dürfte das nicht allzu schwierig sein. Vielleicht haben Sie sich unter diesen Tischtennis-Schlägen Halb-Flugbälle vorgestellt. Aber das sind sie nicht. Schauen Sie es sich noch mal genau an, dann werden Sie sehen, daß es steigende Bälle sind.

Was macht die Tennisspitze?

Bei der Tennisspitze sehen Sie viele geschnittene Rückhand-Aufschlag-Returns, aber Sie werden – abgesehen von Ausnahmefällen – bemerken, daß der Topspinschlag der aggressivere Return ist. Was Sie bevorzugen, bleibt Ihnen überlassen.
Der erste Eindruck, den man bei einem Doppel-Match in der Spitzenklasse mit sehr guten Rückschläger-Returns gewinnt, ist, daß der Vorteil mit jedem hervorragenden Schlag von einer Seite zur anderen überwechselt. Der Aufschläger peitscht einen Aufschlag in das Spiel. „Kein Mensch kann damit fertig werden", denkt man dabei. Der Rückschläger läuft aber schnell, geht hinter den Ball, nimmt ihn im Steigen, hält ihn außer Reichweite des weit innen plazierten Netzspielers und greift den vorlaufenden Aufschläger mit einem schnellen, niedrigen Return an. Sie können kaum mit den Augen folgen.
„Es ist ein Punkt!" – Nein, doch nicht, denn der Aufschläger ist rasch seinem Aufschlag gefolgt und bringt den Flugball so, daß man meinen könnte, er hätte gerade darauf gewartet. Ein Kampf unter Tennis-Riesen hat stattgefunden.
Aber nach einigen Spielen und ausgeglichenem Spielstand merken wir, daß der gewinnende Riese das Aufschläger-Paar ist. Der Aufschläger macht den ersten Schlag und hat somit die erste Chance, die er ausnahmslos nützt, um einen Flugball zu bringen und eine Netzbarriere zu bilden. Wie wir auch sehen, gewinnt meistens der Aufschläger diesen Aufschläger-/Rückschläger-Zweikampf, bei dem der Rückschläger versucht, eine zweite Netzbarriere zu bilden.
Meistens gelingt es ihm nicht, und er muß als nächsten Schuß einen Grundlinienschlag spielen.
Unser Freund von Seite 100, der die Spielweise der großen, hart schlagenden Spieler nicht voneinander unterscheiden konnte, schaut sich ein Spiel der Spitzenklasse an. Danach geht er nach Hause und erzählt seiner Frau, daß die Flugbälle so schnell waren, daß er sie kaum sehen konnte und daß alle vier Spieler am Netz waren und ständig wunderbare Flugballwechsel spielten.
Abgesehen vom Ball konnte er auch andere Dinge nicht sehen. Es gab einige dieser scharfen Ballwechsel, die die Zuschauer mitrissen. Aber es waren nicht immer alle vier Spieler, in zwei Barrieren, am Netz. Das hätte bedeutet, daß immer die Rückschlägerseite obenauf war, wobei jeder Rückschläger beständig seinen Zweikampf mit dem Aufschläger gewonnen hätte, weil er in der Lage war, an das Netz zu folgen und eine Rückschläger-Netzbarriere zu bilden. Wenn nun demnächst unser

Freund spielt, dann wird er zweifellos dem nacheifern, was er zu sehen glaubte, und bei jedem Return, ob hoch, schwach oder allgemein dürftig, an das Netz vorlaufen. Hoffen wir nur, daß er nicht auf zwei große, hart schlagende Spieler trifft!

Ihr hohes Spielniveau

Unser letzter Punkt über Taktiken umfaßt Ihr Grundlinienspiel nach dem ersten Flugball des Aufschlägers.
Sie sind der Rückschläger eines Spiels mit hohem Spielniveau, bei dem sich beide Netzspieler in ihrer Aufgabe auskennen, der Aufschläger gute Aufschläge bringt, Sie einen Return im Steigen bringen, mit dem Ziel, ihm an das Netz zu folgen und eine Rückschläger-Netzbarriere zu bilden, und bei dem der Aufschläger seine ersten Aufschläge gut bringt, meistens den Zweikampf gewinnt und Ihr Ziel zunichte macht.
So: Sie sind im rechten Spielfeld; er hat auf Ihre Rückhand aufgeschlagen, und Sie haben, ohne eine Möglichkeit an das Netz zu folgen, zurückgeschlagen. Er hat Ihnen einen Flugball in das Rückfeld gespielt. Was ist nun als nächstes zu tun?
Wir wollen nun davon ausgehen, daß Ihr Return so scharf war, daß Sie damit den Aufschläger davon abgehalten haben, einen langen Flugball an Ihrem Netzpartner vorbei in die Mitte zu spielen. Sein Flugball springt statt dessen bis auf Netzhöhe hoch. Sie können ihn erreichen und auf Vorhand nehmen. Sie sollten eine harte, nach unten ziehende Vorhand entlang der Mittellinie in Richtung Rückhand des Aufschlägers spielen, außer Reichweite der Vorhand des Netzspielers. Ist der Ball unterhalb der Netzhöhe, wenn er den Aufschläger erreicht, dann gehen Sie vor. Er hat einen kurzen Flugball gebracht. Das ist das beste, was Ihnen passieren kann. Machen Sie sich, ohne zu zögern, an Ihren Schlag. Gelingt er Ihnen nicht, dann schlagen Sie den nächsten, ohne diese ablenkenden Bedenken, den Ball sicherer spielen zu müssen. Man macht das instinktiv, nachdem man einen scharfen Aufschlag-Return gespielt hat, der zwar ausreichend war, um ihm an das Netz zu folgen, aber auch gut genug, den Aufschläger zu einem kurzen Flugball auf Ihre Vorhand zu zwingen.
Gehen wir nun in das andere Extrem. Hierbei war Ihr Aufschlag-Return etwas zu hoch, und Ihr Netzpartner war nicht in der Lage, den Aufschläger davon abzuhalten, einen schnellen und sehr langen Flugball auf Ihre Rückhand zu spielen. In diesem Beispiel ist Ihre Position so

schlecht, daß Sie sich unbedingt mit einem Befreiungsschlag retten sollten. Schießen Sie einen getriebenen Rückhand-Halb-Flugball los, der tonnenweise Topspin hat. Haben Sie ihn zielbewußt und ohne Bedenken, ob Sie hätten lobben sollen, ausgeführt, dann ist das bei weitem kein planloser Verzweiflungsakt. Ist der Flugball des Aufschlägers weiter entfernt von Ihrer Rückhand als vorhin und so lang, daß er hinter Ihnen landet, dann haben Sie nur geringe Chancen, einen Befreiungsschlag zu bringen. Sie können nicht genug Kraft entwickeln, um die gegnerische Netzbarriere zu stören. Vielleicht schaffen Sie eine niedrige, geschnittene Rückhand, die der Aufschläger als Flugball unterhalb der Netzhöhe spielen muß. Dadurch könnten Ihre Chancen überleben. Sie werden jedoch größtenteils lobben müssen. Wenn möglich, dann lobben Sie über die Rückhandseite des Aufschlägers, niemals über den Netzspieler, der bereits darauf lauert, einen Schmetterball zu bringen. Bleibt Ihnen jedoch keine andere Wahl, dann spielen Sie einen hohen, langen Lob und warten ab, was passiert.
Ihre Gegner werden diesen sehr hohen, langen Lob wohl kaum mit dem ersten Schmetterball zu einem Punkt machen wollen, denn sie haben eine gute Position und haben es nicht nötig, ein Risiko auf sich zu nehmen. Sie könnten jetzt eine bessere Chance zum Angreifen haben als nach dem langen ersten Flugball des Aufschlägers.
Angriff ist die beste Verteidigung. Gibt es bei dem Spieler, der sich an Ihren Lob macht, irgendwelche Anzeichen von Unsicherheit oder kommt er aus dem Gleichgewicht oder verringert er die Gefahr für Sie, indem er zurückläuft und Ihren Lob weit hinten im Spielfeld aufkommen läßt, dann sollten Sie und Ihr Partner auf jeden Fall sofort die Netzposition einnehmen. Sie haben nun Ihre Chance zu einer Netzbarriere bekommen. Sie sollten mit einem zaghaften Schmetterball fertig werden. Den aufgesprungenen Lob wird der gegnerische Spieler wie eine Rakete als Halb-Schmetterball zurückschießen, wenn er sieht, daß Sie am Netz sind. Aber was soll's? Kein Mensch hat behauptet, daß Sie dort immer weiche Bälle bekommen.
Ihr Netzpartner wird mit all dem übereinstimmen. Sowie der erste lange Flugball des Aufschlägers an ihm vorbeigeht, läuft er nach hinten. Sieht er, daß Ihre geschnittene Rückhand niedrig über das Netz kommt, dann geht er mit ihr vor. Sieht er aber, daß Sie lobben, dann bleibt er hinten. Sieht er, daß ein zaghafter Schmetterball oder ein Halb-Schmetterball von weit hinten kommen wird, dann muß er genausoschnell nach vorne laufen wie Sie. Zögert er jedoch und geht nur halbwegs vor, dann muß er wahrscheinlich einen Halb-Flugball spielen, wenn er überhaupt dazu kommt. Bleibt er hinten, dann kann der

schmetternde Gegner seinen Überkopfball auf ihn als sicheren Vorbereitungsschlag zum Vorgehen spielen. Die Barriere gehört nun Ihren Gegnern und nicht Ihnen.
Wir haben erste Flugbälle besprochen, die kurz kommen und leicht anzugreifen sind, solche, die bei Ihren Füßen aufkommen und die, aus der Not eine Tugend machend, als harter Flugball zu schlagen sind, auch die langen, die seitlicher und etwas hinter Ihnen aufkommen. In allen drei Fällen kommt bei Ihnen, als fortgeschrittenem Doppel-Spieler, Ihre beste taktische Erwiderung mehr oder weniger instinktiv. Genauso instinktiv handeln Sie bei allen anderen Arten des ersten Flugballes, denen Sie begegnen. Sie spielen den Ball meistens nochmals zurück und versuchen, entweder mit einem nach unten ziehenden Topspin-Drive oder einem sehr niedrigen geschnittenen Ball, den Aufschläger dazu zu zwingen, seinen Flugball unterhalb der Netzhöhe zu schlagen. Macht der Netzspieler Anstalten, den Ball abzufangen, dann schlagen Sie einen Ihrer kräftigen Lobs über seine Rückhandseite. Schließt der Aufschläger nach seinem ersten Flugball zu dicht am Netz auf, überlobben Sie ihn.
Vielleicht sehen Sie eine Gelegenheit für eine scharfe, kurze Cross-Vorhand vor dem Aufschläger. Es ist besser für Sie, wenn Sie sie als einen starken, nach unten ziehenden Drive spielen können, besser als ein Gefühlsschlag, denn wehe Ihrem Partner, wenn Ihr mit Gefühl gespielter Schlag hochkommt. Kurze Cross-Bälle stellen meistens eine Falle für junge Spieler dar, dagegen verspricht die Mitte am meisten Erfolg.
Ihr allgemeines Ziel ist, nach dem ersten Flugball und jedem darauffolgenden Schlag den Ball zu halten, bis Sie einen Vorbereitungsschlag anbringen und aufrücken können. Wenn Sie in der Lage sind, machen Sie mit Grundlinienschlägen Punkte. Es ist jedoch eine schlechte Taktik, so hart zu schlagen, daß Sie verschlagen, zumal wenn Sie einen starken, mittelharten Ball hätten spielen können, der es Ihnen ermöglicht hätte, an das Netz vorzugehen.
Meistens ist es die Aufschläger-Seite, die das fertigbringt; hätten Sie Aufschlag, wäre es bei Ihnen genauso. Die meisten Aufschlagspiele können gehalten werden, doch nicht alle. Konnten sie nicht gehalten werden, wurden sie von den Rückschlägern durchbrochen und nicht durch Fehler der Aufschlägerseite verloren. „Bring den Ball zurück und laß die anderen die Fehler machen", ist ein dürftiger Rat für einen Rückschläger in einem hochklassigen Doppel mit Aufschlag-Returns, mit denen er beispielsweise nur dem Aufschläger eine Serie von bequemen ersten Flugbällen geben würde.

Sie nehmen Aufschläge ab, indem Sie stark zurückschlagen, die Netzposition einnehmen und Ihre Netzbarriere bilden und halten – indem Sie diesen Zweikampf mit Ihrem Aufschlag-Return gewinnen. Sie können nur dann das Beste aus diesen Taktiken machen, wenn Sie von deren Richtigkeit überzeugt sind. In der Zwischenzeit, während Sie sich durch Beobachten und Erfahrung überzeugen, beschenkt Sie keiner mit verschlagenen Flug- und Schmetterbällen. Sie dürfen Ihre Doppelfehler schon alleine machen.

Gute Taktiken zur Stützung der Technik

Sie müssen beim schnellen Seitenwechsel Doppelfehler selbst vermeiden. Verlieren Sie plötzlich das Vertrauen in Ihren Aufschlag, dann ist der zeitweilige Koordinationsverlust fast mit Sicherheit die Schwierigkeit, in die Sie geraten, und zwar die Koordination im Aufschlag an sich und in Verbindung mit dem Vorgehen ans Netz. Sie wissen, daß Sie sich überstürzen, Sie tun alles auf einmal, aber wenn Sie es langsamer versuchen, dann wird alles so unharmonisch, und Sie fühlen sich aus dem Gleichgewicht gebracht. Sie fallen in den Ball, und Ihr zweiter Aufschlag geht wahrscheinlich eher in als über das Netz.
Es gibt ein Hilfsmittel, um allem abzuhelfen, nämlich das zeitweilige Verringern der Anzahl Ihrer Koordinationsbewegungen. Benutzen Sie Ihre Hände getrennt, dann ersparen Sie sich das Koordinieren. Halten Sie Ihre linke Hand mit den Bällen in Hüftnähe und bringen Sie den Schlägerkopf in die Nähe Ihres rechten Fußes. Werfen Sie den Ball gerade hoch, so müssen Sie das Vorlehnen und das Durchschwingen Ihres rechten Fußes in das Spielfeld nicht koordinieren. Geben Sie sich damit zufrieden, den Ball sicher über das Netz zu bringen und dann erst vorzugehen. Verzichten Sie auf den fliegenden Start.
Als normalerweise guter Aufschläger gewinnen Sie Ihr Vertrauen schnell zurück. Sie können Ihre Schwierigkeiten innerhalb eines Aufschlagspiels überwinden, ganz bestimmt aber innerhalb eines Satzes. Es ist nicht notwendig, den Mangel an Vertrauen in den Aufschlag über das ganze Match mit sich zu tragen oder ihn wie ein Bleigewicht von einem Match in das nächste zu schleppen.
Vielleicht spielen wir eines Tages miteinander. Kommen Sie vor, so weit Sie wollen. Ich decke meine Lobs.
Ist Ihnen das linke Spielfeld recht?

7. Tennisregeln der International Tennis Federation*

Das Doppelspiel

Regel 31: Für das Doppelspiel gelten die Regeln für das Einzelspiel mit folgenden Ausnahmen:

Regel 32: Ausmaße des Spielfeldes
Das Spielfeld für das Doppelspiel beträgt in der Breite 10,97 m, d.h. 1,37 m auf jeder Seite mehr als das Spielfeld für das Einzelspiel. Diejenigen Teile der Einzelspielseitenlinien, welche zwischen den beiden Aufschlaglinien liegen, werden Aufschlag-Seitenlinien genannt. In jeder anderen Hinsicht soll das Spielfeld genau das gleiche sein, wie es Regel 1 beschreibt. Diejenigen Teile der Einzelspiel-Seitenlinien, welche zwischen Grundlinie und Aufschlaglinie liegen, können auf beiden Seiten des Netzes fortgelassen werden.

Regel 33: Reihenfolge des Aufschlags
Die Reihenfolge des Aufschlags soll zu Beginn eines jeden Satzes folgendermaßen entschieden werden:
Dasjenige Paar, welches das Recht zum Aufschlag im ersten Spiel eines jeden Satzes hat, soll entscheiden, welcher Partner mit dem Aufschlag beginnen soll. Das gegnerische Paar hat dasselbe zu tun für das zweite Spiel. Der Partner desjenigen Spielers, welcher im ersten Spiel aufschlug, hat im dritten Spiel aufzuschlagen. Der Partner desjenigen Spielers, der im zweiten Spiel aufschlug, hat im vierten Spiel aufzuschlagen und so fort, abwechselnd in dieser Reihenfolge in allen folgenden Spielen eines Satzes.

Regel 34: Reihenfolge des Rückschlags
Die Reihenfolge der Rückschläger bezügl. des Aufschlags soll zu Beginn jeden Satzes folgendermaßen entschieden werden:
Das Paar, welches im ersten Spiel den Aufschlag zurückgeschlagen hat, muß entscheiden, welcher Partner den ersten Aufschlag zum Rückschlag empfängt, und dieser Spieler hat weiterhin während der Dauer des Spiels in jedem ungeraden Spiel während des Satzes den ersten Aufschlag zu empfangen. Das gegnerische Paar soll gleicher-

weise entscheiden, welcher Partner in dem zweiten Spiel den ersten Aufschlag empfangen und zurückschlagen soll. Diese Reihenfolge hat dann ebenfalls während der Dauer des Satzes, aber in jedem geraden Spiel, unverändert zu bleiben. Die Partner erwarten die Aufschlagbälle das ganze Spiel hindurch abwechselnd.

Regel 35: Falsche Reihenfolge beim Aufschlag
Wenn ein Spieler irrtümlicherweise aufschlägt, ohne daß die Reihe an ihm ist, so soll, sobald der Irrtum entdeckt wird, derjenige Spieler unmittelbar aufschlagen, an dem die Reihe eigentlich gewesen wäre. Die bereits gespielten Punkte und jeder vor der Entdeckung des Irrtums erfolgte Aufschlagfehler werden gerechnet. Wird der Irrtum erst am Ende eines Spieles bemerkt, so soll die veränderte Reihenfolge des Aufschlags beibehalten werden.

Regel 36: Falsche Reihenfolge beim Rückschlag
Wird während eines Spiels die Reihenfolge im Zurückschlagen des Aufschlags von der rückschlagenden Partei geändert, so bleibt diese geänderte Reihenfolge bis zum Ende des Spiels, in dem der Irrtum entdeckt wurde; die Partner müssen aber im nächsten Spiel des Satzes, in welchem sie Rückschläger sind, die ursprüngliche Reihenfolge wieder einhalten.

Regel 37: Aufschlagfehler
Der Aufschlag gilt als Fehler in den Fällen der Regel 9 oder wenn der aufgeschlagene Ball den Partner des Aufschlägers berührt oder irgend etwas, was er trägt oder hält. Wenn jedoch der aufgeschlagene Ball bevor er den Boden berührt – ausgenommen er ist ein Netzball gem. Regel 13 a – den Partner des Rückschlägers oder irgend etwas, was er trägt oder hält, berührt, so gewinnt der Aufschläger den Punkt.

Regel 38: Abwechselndes Schlagen der Parteien
Der Aufschlagball soll abwechselnd von einem der beiden Spieler der gegnerischen Paare geschlagen werden. Wenn ein Spieler in Verletzung dieser Regel den im Spiel befindlichen Ball mit seinem Schläger berührt, so gewinnen seine Gegner den Punkt.

* Quelle: Amtliches Jahrbuch des Deutschen Tennis-Bundes 1978; mit freundlicher Genehmigung des DTB.

8. Sachregister

Sport bei Franckh

Tennis-Training
Von Tony Mottram

Der weiße Sport gewinnt von Jahr zu Jahr mehr Freunde. Da ist es wichtig, daß erfahrene Trainer dem Anfänger die nötigen Hilfen mit auf den Weg geben und den Begabten weiter fördern. Diese Aufgabe erfüllt Tony Mottram in vorbildlicher Weise. Beginnend mit Ausrüstung und Grundlagen kommt er zur Schlägerhaltung und den verschiedenen Schlägen. Danach geht es um die vielen Anwendungsmöglichkeiten, der Leser wird mit taktischen Finessen vertraut und erfährt, wie man sich auf ein Match vorbereitet. Eine Besonderheit dieses Bandes ist es, daß alle Bewegungsabläufe in ihren Phasen von Weltklassespielern im Bild vorgeführt werden. So läuft bei schnellem Durchblättern des Bandes gleichsam ein Film vor dem Leser ab.
112 Seiten, 11 Fotos, 92 „Film"-Spalten, 3 Zeichnungen im Text.

Mit Tennis anfangen
Von Paul Metzler

Auch für das Tennisspiel gilt das Motto: aller Anfang ist schwer! Da ist es wichtig, einen guten Lehrer zu finden, der es versteht, Theorie und Praxis so miteinander zu verbinden, daß der Schüler nachhaltig gefördert wird und gern „am Ball bleibt".
Diese Hilfe leistet Paul Metzler in vorbildlicher Weise. Ausgehend von den Grundschlägen, deren Beherrschung wichtige Voraussetzung ist, führt er den Leser in die taktischen Möglichkeiten des Tennisspiels ein und spart nicht mit wichtigen Ratschlägen aus der Trickkiste. Schläge wie Topspin, Lob, Volley und Smash, die zu einem effektvollen Spiel gehören, werden erläutert, und auch die oft schwierige Situation des Linkshänders findet Beachtung.
112 Seiten, 35 Zeichnungen.

Franckh'sche Verlagshandlung, Postfach 640, 7000 Stuttgart 1

Sport bei Franckh

Badminton
Von Keld Vilstrup

Badminton, die Turnierform des Federballspiels, findet immer mehr Freunde. Der Autor versteht es, Anfänger für diese Sportart zu begeistern und auch fortgeschrittenen Spielern wertvolle Hilfen mit auf den Weg zu geben.
Man erfährt zunächst alles Wichtige über die Ausrüstung – Kleidung, Schläger und Ball. Dann wird man in die Technik der Schlägerhaltung und die Bewegungsabläufe eingeführt. Wenn der Spieler sich in den verschiedenen Vor- und Rückhandschlägen auskennt, bekommt er noch wertvolle taktische Hinweise und Spieltips. Wichtige Erkenntnisse über Konditionstraining und eine Erläuterung der internationalen Spielregeln vervollständigen diesen Band. Der Textteil wird durch eindrucksvolle Fotos und Skizzen ergänzt.
79 Seiten, 33 Fotos und 14 Zeichnungen im Text.

Mit Squash anfangen
Von R. B. Hawkey

Squash, eine Sportart, die im angelsächsischen Sprachraum schon lange angesiedelt ist, findet in neuerer Zeit auch bei uns immer mehr Freunde. Die Zahl der Spielplätze und Clubs wächst ständig und mit der steigenden Mitgliederzahl gewinnt diese Sportart immer mehr an Popularität.
Dieser Band führt den Leser in Theorie und Praxis ein und gibt so die nötigen Starthilfen. Ballangabe, die verschiedenen Schläge, Taktik und Verlauf des Spiels werden erläutert, und man erfährt alles Wichtige über Regeln, Spielfeldeinteilung und Wettkampfbedingungen. Für Anfänger wie auch für Fortgeschrittene ein wichtiges Buch.
62 Seiten, 7 Zeichnungen, 14 Fotos.